Andersen's Fairy Tales

안데르센 동화집

안데르센 동화집

First edition: February 2010

TEL (02)2000-0515 | FAX (02)2271-0172

ISBN 978-89-17-23756-6

YBM Reading Library 는 ...

쉬운 영어로 문학 작품을 즐기면서 영어 실력을 크게 향상시킬 수 있도록 개발된 독해력 완성 프로젝트입니다. 전 세계 어린이와 청소년들에게 재미와 감동을 주는 세계의 명작을 이제 영어로 읽으세요. 원작에 보다 가까이 다가가는 재미와 명작의 깊이를 느낄 수 있을 거예요.

350 단어에서 1800 단어까지 6단계로 나누어져 있어 초·중·고 어느 수준에서나 자신이 좋아하는 스토리를 골라 읽을 수 있고, 눈에 쉽게 들어오는 기본 문장을 바탕으로 활용도가 높고 세련된 영어 표현을 구사하기 때문에 쉽게 읽으면서 영어의 맛을 느낄 수 있습니다. 상세한 해설과 흥미로운 학습 정보, 퀴즈 등이 곳곳에 숨어 있어 학습 효과를 더욱 높일 수 있습니다.

이야기의 분위기를 멋지게 재현해 주는 삽화를 보면서 재미있는 이야기를 읽고, 전문 성우들의 박진감 있는 연기로 스토리를 반복해서 듣다 보면 리스닝 실력까지 크게 향상됩니다.

세계의 명작을 읽는 재미와 영어 실력 완성의 기쁨을 마음껏 맛보고 싶다면, YBM Reading Library와 함께 지금 출발하세요!

YBM Reading Library

책을 읽기 전에 가볍게 워밍업을 한 다음, 재미있게 스토리를 읽고, 다 읽고 난 후 주요 구문과 리스닝까지 꼭꼭 다지는 3단계 리딩 전략! YBM Reading Library, 이렇게 활용 하세요.

Before the Story

Words in the Story
스토리에 들어가기 전, 주요 단어를 맛보며 이야기의 분위기를 느껴 보세요~

In the Story

★ 스토리
재미있는 스토리를 읽어요. 잘 모른다고 멈추지 마세요. 한 페이지, 또는 한 chapter를 끝까지 읽으면서 흐름을 파악하세요.

★★ 단어 및 구문 설명
어려운 단어나 문장을 마주쳤을 때, 그 뜻이 알고 싶다면 여기를 보세요. 나중에 꼭 외우는 것은 기본이죠.

The old woman was really a witch, but she wasn't bad.
She was lonely and wanted to live with Gerda.
"I have not seen your friend," she said.
"But I'm sure he's okay. You looked tired.
Rest a while and I'll comb your hair!"
But the comb was magic!
When the old woman combed her hair, Gerda forgot about Kai. Then the old woman went into the garden.
"The roses will remind Gerda of her friend!" she said.
She cast a spell over the roses.
Then they disappeared beneath the ground.
For days, Gerda played happily in the garden.
★ She knew the name of all the flowers.
But, she felt that one was missing.
One day, she noticed the painted roses on the old lady's hat.
"That's it!" cried Gerda. "No roses in this garden!"

★ ★ ★ ❓ 노부인이 정원에서 없앤 꽃은 무엇인가?
ㄴ a. tulip   b. rose   c. sunflower
『정답』

★ ★ remind A of B   A에게 B를 떠올리게(연상하게) 하다
"The roses will remind Gerda of her friend!" she said.
"장미꽃들은 게르다에게 자기 친구를 떠올리게 할 거야!"라고 그녀는 말했다.

★★★ 돌발 퀴즈
스토리를 잘 파악하고 있는지 궁금하면 돌발 퀴즈로 잠깐 확인해 보세요.

Mini-Lesson
너무나 중요해서 그냥 지나칠 수 없는
알짜 구문은 별도로 깊이 있게 배워요.

The roses made her remember Kai. She began to cry.
When her warm tears fell on the ground,
a rosebush appeared.
"Oh, sweet roses," she asked.
"Do you know where Kai is?"
"No, but he's still alive!" they replied.
"Thank you, roses," she said. "I must find him!"
Then she left the garden to continue her search.

장미의 꽃잎은 그리운 사랑,
애절한 사랑이에요. 장미에 대한 저마다의
속으로 사랑을 상처받고 있어요.

☐ witch 마녀
☐ lonely 외로운
☐ rest 쉬다
☐ cast a spell over
  …에게 마법을 걸다
☐ beneath …의 바로 밑에
☐ missing (있어야 할 것이) 없는, 빠진
☐ notice 알아채다, 주목하다
☐ remember 기억하다
☐ appear 나타나다
☐ alive 살아있는

Chapter 2 • 33

Check-up Time!
한 chapter를 다 읽은 후 어휘, 구문,
summary까지 확실하게 다져요.

Focus on Background
작품 뒤에 숨겨져 있는 흥미로운 이야기를
읽으세요. 상식까지 풍부해집니다.

After the Story

Reading X-File 이야기 속에 등장했던
주요 구문을 재미있는 설명과 함께 다시 한번~

Listening X-File 영어 발음과 리스닝 실력을 함께
다져 주는 중요한 발음법칙을 살펴봐요.

MP3 Files
www.ybmbooksam.com에서 다운로드 하세요!

YBM Reading Library

이제 아름다운 이야기가 시작됩니다

The Snow Queen

The Wild Swans

_ Before the Story

_ In the Story

Chapter 1

Chapter 2

The Little Match Girl

_ Before the Story

_ In the Story

After the Story

Hans Christian Andersen (1805~1875)

한스 크리스티안 안데르센은 …

덴마크의 오덴세(Odense)에서 한 구두 수선공의 아들로 태어났다. 어린 시절 안데르센은 매우 가난했지만, 문학과 철학을 좋아했던 아버지의 영향으로 독서를 통해 상상력과 문학적 재능을 키울 수 있었다. 그는 14세에 연극배우의 꿈을 품고 코펜하겐(Copenhagen)으로 갔으나 좌절과 시련을 맛보았고, 결국 코펜하겐 대학교에 입학하여 습작 활동을 시작하였다.

1835년에 이탈리아 여행기 〈즉흥시인(The Improvisatore)〉이 호평을 받은 것을 계기로 본격적인 작가 활동을 시작한 안데르센은, 이어 출간한 〈동화집(Fairy Tales)〉을 통해 동화 작가로 변신하는 데 성공하였다. 그는 이후 1872년까지 총 160여 편의 동화를 발표하였는데, 대표작으로는 세계 아동 문학의 최고봉이라 불리는 「인어공주(The Little Mermaid)」, 「눈의 여왕(The Snow Queen)」, 「성냥팔이 소녀(The Little Match Girl)」, 「미운 오리 새끼(The Ugly Duckling)」 등이 있다. 서정적이고 아름다운 환상의 세계를 따스한 인간애가 녹아 있는 문학 작품으로 현실화시킨 안데르센은 오늘날에도 최고의 동화 작가라는 평가를 받고 있다.

The Snow Queen

〈눈의 여왕〉은 마법 거울의 조각이 눈과 심장에 들어가 사악해진 소년 카이가 눈의 여왕을 따라간 후, 단짝 소녀 게르다가 그를 찾아 모험을 하게 되는 이야기이다. 눈의 여왕의 환상적인 이미지와 함께 오랫동안 많은 이들의 사랑을 받아 온 작품으로, 게르다의 따뜻한 마음과 사랑이 결국 차가운 눈의 여왕으로부터 카이를 구해낸다는 교훈을 담고 있다.

The Wild Swans

〈백조 왕자〉는 사악한 새 여왕의 마법에 걸려 낮에는 백조로 변하는 오빠들을 구하기 위해 온갖 고초를 겪는 엘리자의 이야기이다. 마녀로 오해 받아 감옥에 갇히면서도 쐐기풀 옷을 완성해 결국 오빠들을 구해내는 엘리자의 희생적인 이야기는 오늘날까지도 우리에게 훈훈한 감동을 주고 있다.

The Little Match Girl

〈성냥팔이 소녀〉는 어느 추운 섣달 그믐날, 길에서 성냥을 팔던 소녀가 몸을 녹이기 위해 켠 성냥불 속에서 아름다운 환상들을 보게 되고 그 환상 속으로 떠나는 이야기이다. 현실 속의 슬픈 이야기를 아름답고 환상적으로 그려낸 안데르센 특유의 서정적인 문체가 돋보이는 작품이다.

a Beautiful Invitation
– YBM Reading Library

The Snow Queen

Hans Christian Andersen

People in the Story

눈의 여왕에 나오는 주요 인물을 알아볼까요?

Gerda
카이의 단짝 친구. 눈의 여왕을
따라 떠난 카이를 찾기 위해 많은
모험을 한다.

Old Witch
마녀 할머니. 게르다와
함께 살고 싶어 주문을 걸어
정원의 장미꽃을 없앤다.

**Princess &
Her Husband**
따뜻한 마음씨의 공주 부부.
게르다를 가엾게 여겨
좋은 옷과 마차를 내 준다.

Reindeer
북쪽 나라 할머니 집에 있던
순록. 게르다를 눈의 여왕에게
데려다 준다.

Old Woman
북쪽 나라에 살고 있는
할머니. 게르다에게
카이가 눈의 여왕과
함께 있다고 알려 준다.

Kai
마법의 거울 조각으로
인해 사악하게 변한 소년.
눈의 여왕을 따라
눈의 나라로 떠난다.

Snow Queen
아름답고 차가운 눈의 여왕.
카이를 눈의 성으로 데리고 온다.

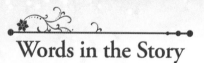

Words in the Story

눈의 여왕에 나오는 단어들을 살펴봐요.

dove
비둘기

crow
까마귀

warm
따뜻한

little
작은

cottage
시골집

lonely
외로운

find
찾다

garden
정원

beautiful
아름다운

rosebush
장미덤불

rosy
장미빛의

riverbank
강둑

cast a spell
마법을 걸다

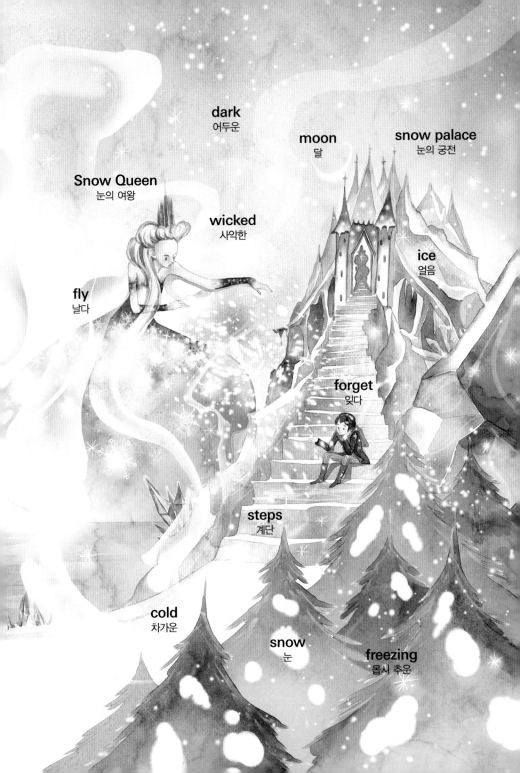

CHAPTER 1

The Magic Mirror
마법 거울

Once upon a time, there was a wicked goblin.

He had a magic mirror. 못된 악동 요정을 뜻하는 고블린은 원래 '장난꾸러기'라는
의미의 고대 그리스어 '코발로스(kobalos)'에서 유래했답니다.

The mirror made all beautiful and good things look
mean and ugly!

One day, he dropped the mirror by mistake.

It fell to the ground and broke into millions of little
pieces! The pieces of the evil mirror were blown all
around the world.

Some got into people's eyes and made them see only
evil things.

□ wicked 사악한, 못된 (= evil)
□ goblin 작고 못생긴 마귀〔악귀〕
□ mean 나쁜, 비열한
□ by mistake 실수로
□ break into pieces 여러 조각으로
  부서지다 (break-broke-broken)

□ millions of 수백만 개의
□ blow 불어서 날리다 (blow-blew-blown)
□ get into …에 들어가다
□ cruel 잔인한
□ float (물 위·공중에) 떠다니다〔뜨다〕
□ happen to …에게 일어나다

Other pieces entered people's hearts, and made
them bad and cruel.
Pieces of the evil mirror are still floating in the air.
Now, you will hear what happened to one
little boy!

A little boy named Kai lived in a village in Denmark.

His best friend Gerda lived next door.

Between their houses, there was a small, beautiful garden.

In summer, Kai and Gerda played in the garden.

They liked to sit among the roses in the sun.

☐ **name A** A라고 부르다
☐ **village** 마을
☐ **knit** 뜨개질하다

☐ **real** 진짜의, 실제의
☐ **freeze** 얼게 하다 (freeze-froze-frozen)
☐ **snowflake** 눈송이

But in winter, it was too cold to play outside. ☀

So they had to stay at home.

One snowy day, Kai was playing with Gerda in his house.

Kai's grandmother was knitting in the chair beside them. They could see the snow falling outside. [1]

"It looks like the white bees are flying," said his grandmother.

"Do they have a queen like the bees?" asked Kai.

He knew that real bees have a queen.

"Yes," she said. "On winter nights, she freezes the windows. The frozen snowflakes look like beautiful white flowers."

"Oh, I have seen them!" said Gerda.

"They were very beautiful!"

---

1 **see + 목적어(A) + ...ing** A가 …하고 있는 것을 보다
They could see the snow falling outside.
그들은 밖에 눈이 내리고 있는 것을 볼 수 있었다.

Mini-Less☀n

too + 형용사(A) + to + 동사원형(B): 너무 A해서 B할 수 없다
too의 수식을 받는 형용사 다음에 「to + 동사원형」을 쓰면 '너무 …해서 ~할 수 없다
〔~하기에는 너무 …하다〕' 라는 문장을 만들 수 있어요.

• But in winter, it was too cold to play outside. 하지만 겨울에는 너무 추워서 밖에서 놀 수 없었다.

That night, when Kai looked outside, a large
snowflake fell on the window.
As he watched, it grew and grew.
Eventually, it turned into a tall, slim, young woman.
Everything about her was as white as snow!
She was beautiful, but her eyes were cold like ice.

"She could be the Snow Queen!" thought Kai.
She waved at him.
But he was so frightened that he couldn't move!
Then she flew away and disappeared into the
night sky.

Soon the summer came.

The rosebushes bloomed beautifully again.

One day, Kai and Gerda sat together among the roses.

Gerda started to sing an old hymn.

"Roses bloom in the valley,
And we will see the Holy-Child one day."

"Ouch!" cried Kai, suddenly.

"Something's stuck in my heart! And in my eye, too!"

Gerda looked in his eye, but she couldn't find
anything.

"It's okay. I think it's out now," he said.

But it wasn't!

A piece of the wicked mirror was in Kai's eye.

And another one had entered his heart.

Very soon, his heart became as cold as ice! ☀

□ rosebush 장미덤불
□ bloom 꽃이 피다
□ hymn 찬송가
□ Holy-Child 아기 예수

□ stick 찌르다 (stick-stuck-stuck)
□ wormy 벌레 먹은
□ pull up …을 뽑다〔빼다〕
□ stomp on …을 짓밟다

Mini-Less☀n

See p.102

as + 형용사(A) + as + 명사(B): B처럼 (만큼) A한

서로 정도가 비슷한 것을 비교할 때는 '…처럼 (만큼) ~한'이라는 뜻의 「as ~ as …」를
써요. as와 as 사이에는 형용사가 쓰인답니다.

• Very soon, his heart became as cold as ice! 매우 빨리, 그의 심장은 얼음처럼 차가워졌다!

Suddenly, Kai jumped up and began to shout
at Gerda.

"You're so ugly! Those roses are wormy!"

He pulled up the roses and stomped on them.

Gerda became very scared.

"My poor roses," she cried.

"I don't want to play with you anymore!"
he shouted, angrily.

From then on, he was very wicked.

He stole his grandmother's glasses, and teased his friends. Sometimes he even fought with them. Gerda was very worried about him.

"Oh, I hope he'll be nice again," she whispered.

One cold day, Kai took his sled to the river.

When he was playing there, a large, white sledge stopped nearby. It was driven by a woman.

She was dressed all in white.

He quickly tied his sled to the back of the woman's sledge.

□ steal 훔치다 (steal-stole-stolen)
□ tease 괴롭히다
□ fight 싸우다 (fight-fought-fought)
□ be worried about …에 대해 걱정하다
□ sled (아이용) 작은 썰매 (sledge 썰매)
□ nearby 근처에
□ tie A to B A를 B에 묶다
□ along with …와 함께

Then her sledge started to run.

Kai went faster and faster along with it!

He felt colder and colder, but he had lots of fun! [1]

Suddenly, the large sledge stopped.

The driver looked back at Kai.

"She's the woman I saw from my window!"

he thought.

---

1 **feel** + 비교급 + **and** + 비교급   점점 더 …하게 느끼다
  He felt colder and colder, but he had lots of fun!
  그는 점점 더 춥다고 느꼈지만, 매우 재미있었다!

"I'm the Snow Queen," she said.
"You must be freezing! [1]
Come and sit with me." Kai sat beside her.
She wrapped him in a thick, snow-white fur.
"Are you still cold?" she asked.
Then she kissed his forehead.
Her kiss froze Kai's heart, and soon he forgot Gerda
and his grandmother.
The white sledge flew up into the sky.
The strong wind roared as they flew.
The snow sparkled, and the moon shone brightly
in the dark sky.
They flew and flew toward the Snow Queen's palace.

1 **must be** 분명히 (틀림없이) …하다
You must be freezing!
너는 분명히 몹시 추울 거야!

- □ freezing 몹시 추운, 얼어붙을 듯한
- □ wrap A in B A를 B로 (감)싸다
- □ thick 두꺼운
- □ fur 모피
- □ forehead 이마
- □ forget 잊다 (forget-forgot-forgotten)

- □ fly 날다 (fly-flew-flown)
- □ wind 바람
- □ roar (바람·파도 등이) 굉음을 내다
- □ sparkle (보석 등이) 번쩍이다
- □ shine 빛나다 (shine-shone-shone)
- □ palace 궁전

Check-up Time!

● **WORDS**

알맞은 단어의 뜻에 줄을 그으세요.

1 snowflake •   • 마을

2 palace •   • 작은 썰매

3 village •   • 악귀

4 goblin •   • 궁전

5 sled •   • 눈송이

● **STRUCTURE**

빈 칸에 알맞은 단어를 골라 체크하세요.

1 James is _____ young to go to school.
   ☐ so   ☐ too

2 They could see the snow _____ outside.
   ☐ falling   ☐ to fall

3 He ran _____ fast as a bird.
   ☐ as   ☐ so

본문의 내용과 일치하면 T, 일치하지 않으면 F에 표시하세요.

1 Kai dropped the wicked mirror. T F

2 Kai and Gerda played outside in winter. T F

3 The Snow Queen was as white as snow. T F

4 Kai tied his sled to the back of the Snow Queen's sledge. T F

● SUMMARY

빈 칸에 알맞은 말을 보기에서 골라 이야기를 완성하세요.

Kai and Gerda lived next door and played together. One day, some pieces of the (　) mirror got into Kai's eye and (　). He became very bad from then on. One snowy day, Kai met the Snow Queen and (　) with her to the (　) palace.

a. heart　　　b. flew

c. snow　　　d. magic

CHAPTER 2

Gerda's search for Kai
카이를 찾아 나선 게르다

Gerda was worried when Kai didn't come back.

Everyone said he had drowned in the river.

"I don't believe Kai is dead," she thought.

"I'll find him!"

So the next morning, Gerda went down to the river.

She found a small boat and climbed into it.

"River, please carry me to my friend Kai," she said.

Then the boat began to sail on the water.

Some time later, Gerda saw a pretty cottage near
the riverbank.

She got off the boat and went to the cottage.

□ **search** 수색, 탐색
□ **drown** 물에 빠져 죽다
□ **believe** 믿다
□ **climb into** …에 타다
□ **carry A to B** A를 B로 운반하다

□ **sail** 항해하다
□ **cottage** 작은 집, 오두막집
□ **riverbank** 강둑
□ **get off** (차·배 등) …에서 내리다
□ **be painted on** …에 그려져 있다

"Hello, is anybody there?" she called.
An old lady came out of the cottage.
She was wearing a pretty hat.
Lots of roses were painted on it.
"Oh, you poor child,"
said the old woman.
"What are you doing here?"
Gerda told her about Kai.

The old woman was really a witch, but she wasn't bad.

She was lonely and wanted to live with Gerda.

"I have not seen your friend," she said.

"But I'm sure he's okay. You looked tired.

Rest a while and I'll comb your hair!"

But the comb was magic!

When the old woman combed her hair, Gerda forgot

about Kai. Then the old woman went into the garden.

"The roses will remind Gerda of her friend!" she said. ¹

She cast a spell over the roses.

Then they disappeared beneath the ground.

For days, Gerda played happily in the garden.

She knew the name of all the flowers.

But, she felt that one was missing.

One day, she noticed the painted roses on the old

lady's hat.

"That's it!" cried Gerda. "No roses in this garden!"

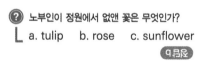

❓ 노부인이 정원에서 없앤 꽃은 무엇인가?
└ a. tulip   b. rose   c. sunflower
정답은 b

---

1 **remind A of B** A에게 B를 떠올리게 (연상하게) 하다
   "The roses will remind Gerda of her friend!" she said.
   "장미꽃들은 게르다에게 자기 친구를 떠올리게 할 거야!"라고 그녀는 말했다.

The roses made her remember Kai. She began to cry.

When her warm tears fell on the ground,

a rosebush appeared.

"Oh, sweet roses,*" she asked.

장미의 꽃말은 고귀한 사랑,
영원한 사랑이에요. 카이에 대한 게르다의
순수한 사랑을 암시하고 있어요.

"Do you know where Kai is?"

"No, but he's still alive!" they replied.

"Thank you, roses," she said. "I must find him!"

Then she left the garden to continue her search.

□ witch 마녀
□ lonely 외로운
□ rest 쉬다
□ cast a spell over
　　…에게 마법을 걸다
□ beneath …의 바로 밑에
□ missing (있어야 할 것이) 없는, 빠진
□ notice 알아채다, 주목하다
□ remember 기억하다
□ appear 나타나다
□ alive 살아있는

For a long time, Gerda walked and walked.

She was tired and sat down to rest.

"It is already autumn," she said.

"Oh, poor Kai! I have wasted so much time!"

She felt very sad.

Suddenly, a crow flew down from a tree and sat next to her.

"Caw! Caw!" cried the Crow, loudly.

"Why do you look sad?" [1]

Gerda was surprised, but she told him about Kai.

"I think he could be at the Princess's palace," he said.

"Really?" shouted Gerda.

"Yes! I live in the palace kitchen!

The Princess recently married.

Her husband has blue eyes and black hair!"

"That sounds like Kai!" she shouted. [2]

□ autumn 가을
□ waste 낭비하다
□ crow 까마귀
□ next to …의 옆에

□ loudly 크게
□ recently 최근에
□ marry 결혼하다
□ husband 남편

1 look + 형용사 …(처럼) 보이다
   "Why do you look sad?" "넌 왜 슬퍼 보이니?"

2 sound like …인 것 같다, …처럼 들리다
   "That sounds like Kai!" she shouted. "카이인 것 같네!" 그녀는 소리쳤다.

That night, the crow led Gerda into the beautiful
palace. She tiptoed up a large marble staircase.
Silently, she opened a heavy, wooden door.
Gerda crept over to a large bed.
She looked down at the young man's sleeping face.
"Oh no, it's not Kai!" she cried, sadly.

□ tiptoe up 발끝으로 올라가다
□ heavy 무거운
□ creep over 살금살금 다가가다
   (creep–crept–crept)
□ stranger 낯선 사람
□ feel sorry for …을 가엾게 생각하다

□ carriage 마차
□ cheer up 기운이 나다
□ farewell (작별인사) 안녕!
□ on one's way 가는 길에
□ sunset 노을
□ rosy 장밋빛의

Then the Princess and her husband woke up.

They were surprised to see a stranger in the room. [1]

Gerda told them her story. They felt sorry for her.

So they gave her warm clothes, and a nice carriage.

Gerda cheered up, and got ready to leave.

"Farewell! Good luck!" they said, as she departed.

"Thank you," she called.

Gerda kept going for days. [2]

On her way, she saw a beautiful sunset in the sky.

"Oh, it is lovely," she whispered.

The rosy sky reminded her of the rose garden at
home. She thought of Kai.

The longer she searched, the more she missed Kai.

---

[1] **be surprised to + 동사원형** …해서 놀라다
They were surprised to see a stranger in the room.
그들은 방 안에 있는 낯선 사람을 보고서 놀랐다.

[2] **keep ...ing** 계속 …하다
Gerda kept going for days. 게르다는 며칠 동안 계속 길을 갔다.

Mini-Less☼n

See p.103

the + 비교급(A), the + 비교급(B)

'…할수록 더 ~하다' 라는 표현은 「the + 비교급, the + 비교급」으로 나타낸답니다.

• The longer she searched, the more she missed Kai.
  찾아다닌 시간이 길어질수록, 그녀는 카이가 더욱 더 그리워졌다.
• The more I ran, the more I became tired. 더 많이 달릴수록, 나는 더 피곤해졌다.

# Check-up Time!

● **WORDS**

빈칸에 알맞은 단어를 보기에서 골라 문장을 완성하세요.

lonely	alive	rosy	heavy

1 She forgot to water the plants, but they are still _____.

2 I will help you move these _____ boxes.

3 Helen's _____ cheeks look pretty.

4 My grandmother was _____ and wanted to live with my family.

● **STRUCTURE**

괄호 안의 두 단어 중 알맞은 것에 동그라미 하세요.

1 Jane reminds me (of / to) my sister.

2 Andrew looks (health / healthy).

3 The more I ran, the (more / much) I became tired.

4 They were surprised (seeing / to see) a stranger in the room.

● COMPREHENSION

본문의 내용과 일치하면 T, 일치하지 않으면 F를 쓰세요.

1 Gerda went to the river to find Kai. _____

2 A dove led Gerda to the Princess's palace. _____

3 The old woman cast a spell over the roses. _____

4 When the old woman combed her hair, Gerda forgot Kai. _____

● SUMMARY

빈칸에 알맞은 말을 보기에서 골라 이야기를 완성하세요.

Gerda left to ( ) for Kai. She met an old woman and ( ) at her house for a while. Later, Gerda met a ( ). He said Kai could be the Princess's husband. But he wasn't Kai! Gerda was disappointed and ( ) going on her way.

a. crow

b. stayed

c. kept

d. search

Kai's Return
카이의 귀환

For a long time, Gerda continued to drive her [1]
carriage. She felt very tired.

Then she found a little, old house.

She stopped and knocked on the door.

"Come in and rest," said an old woman.

Gerda went inside.

In the house, several doves were roosting on the
wall. And a reindeer stood quietly in the corner.

The old woman looked at Gerda's sad face.

"Come, sit by the fire and tell me your story."

Gerda told her about her long search for Kai.

Suddenly, the doves called.

"Coo! Coo! We saw Kai with the Snow Queen!"

"Where are they?" asked Gerda.

□ return 귀환, 되돌아옴
□ knock on ⋯을 두드리다
□ dove 비둘기
□ roost 홰에 앉다
□ reindeer 순록

□ stand 서다 (stand-stood-stood)
□ quietly 조용히
□ by the fire 난로 옆에
□ North Pole 북극
□ be born 태어나다

"They're going to the North Pole," answered the doves.

"The Snow Queen lives there!"

"Do you know where the North Pole is?" [2]

"The reindeer knows!" they answered.

"Yes! I was born there!" replied the reindeer.

---

1 **continue to + 동사원형** 계속 …하다 (= continue …ing)
For a long time, Gerda continued to drive her carriage.
오랫동안, 게르다는 마차를 계속 몰았다.

2 **where + 주어 + be동사** …이 어디에 있는지
Do you know where the North Pole is?
너는 북극이 어디에 있는지 아니?

"Kai is with the Snow Queen!" said the old woman.
"He believes it's the best place because of the evil
glass in his eye and heart. You must remove them!
Or, he'll never be free from the Snow Queen!"
"But how can I do that?" asked Gerda, sadly.
"I am just a little girl."
"Don't worry, you already have great power!"
said the old woman.
"The love in your heart makes you strong! Reindeer,
carry Gerda to the Snow Queen's palace now!"
"Thank you!" cried Gerda, happily.
She quickly climbed on the reindeer's back.
Then he started to run.
"Be careful!" said the old woman.

They ran and ran, and finally reached
the North Pole. They stopped at the
bottom of some dangerous, icy steps.
Gerda jumped down from the
reindeer and began to climb
up them.
Her feet slipped on the
ice and snow.

□ remove 제거하다
□ be free from
    …로부터 자유로워지다
□ reach 도착하다
□ at the bottom of
    …의 밑(바닥)에
□ dangerous 위험한
□ icy 얼음이 얼어있는
□ slip 미끄러지다

Suddenly, huge snowflakes were flying all around
her! They got bigger and bigger!

Eventually, they looked just like scary snakes, bears
and tigers.

Then, they started to follow her!

"Oh no, they're alive!" she cried.

They were the Snow Queen's evil guards.

Gerda was very frightened.

"Oh, God, please help me," she prayed, as she ran.

Then her icy breath grew thicker and thicker.

It became a little angel.

Soon, she was surrounded by an army of angels!

They chased away the scary snowflakes.

Their protection gave Gerda courage.

Finally, she reached the palace.

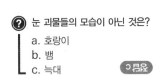

❓ 눈 괴물들의 모습이 아닌 것은?
a. 호랑이
b. 뱀
c. 늑대

정답ㄱ

□ scary 무시무시한
□ guard 군사, 호위병
□ pray 기도하다
□ breath 숨결, 호흡
□ angel 천사

□ surround 둘러싸다
□ an army of 한 무리(떼)의
□ chase away 쫓아버리다
□ protection 보호
□ courage 용기

Gerda went inside. The palace was huge.

The walls were made of ice and snow.

The bright Northern Lights lit the silent rooms.

"Oh, this palace is beautiful," she thought.

"But it is so quiet!"

She went from room to room looking for Kai.

In the meantime, Kai was in the Snow Queen's

room. He was blue with cold.

He was sitting and trying to make words

with an alphabet.

□ be made of …로 만들어지다
□ Northern Light 북극광, 오로라
□ light 비추다 (light-lit-lit)
□ from room to room 방마다
□ look for …을 찾다
□ in the meantime 그 동안에
□ spell 철자를 맞게 조합하다 (spell-spelt-spelt)
□ be away 부재 중이다

Each letter was made of ice.

But there was one word he couldn't spell, *Love*!

"I'm leaving now," said the Snow Queen.

"While I'm away, spell the word, *Love*.

Then you can go back home!"

He tried and tried, but he
couldn't remember how
to spell it!

The Snow Queen flew
away, and Kai was left
alone in the icy silence.

At that moment, Gerda entered the room and saw
Kai. She ran to him and hugged him tightly.

"Kai!" she called out. "I've finally found you!"

But he didn't recognize her! He just sat quietly.

Gerda was heartbroken.

"Oh, poor Kai!" she cried out.

"Why don't you recognize me? I'm so sad!"

Gerda began to cry. Her hot tears fell on Kai's chest.

They melted his frozen heart and dissolved the evil

glass in it.

Suddenly, tears fell down his face.

They washed away the wicked glass in his eye!

Then Kai recognized Gerda.

Her love had saved him!

"Gerda, my sweet Gerda!" he shouted.

"Where am I? It's so empty and cold in here!"

Gerda was so pleased that she kissed his frozen ☀
cheeks. Then they became rosy again.

Suddenly, the icy alphabet danced for joy!

And it spelt the word, *Love*!

Hand in hand, they ran outside.

The reindeer were waiting for them.

He carried them back to their village.

☐ tightly 꽉, 단단히
☐ recognize 알아보다
☐ heartbroken 마음이 찢어지는
☐ chest 가슴
☐ melt 녹이다, 용해하다

☐ dissolve 녹이다, 용해하다
☐ wash away 씻어 내리다
☐ save 구하다
☐ empty 텅 빈
☐ hand in hand 손에 손을 잡고

Mini-Less☀n

so + 형용사/부사(A) + that 절(B): 너무 A해서 B하다

'매우, 몹시, 너무나'라는 뜻의 so가 형용사나 부사 앞에 오고, 그 다음에 that 절이
오면 '너무 …해서 ~하다'라는 뜻의 문장이 만들어져요.

• Gerda was so pleased that she kissed his frozen cheeks.
  게르다는 너무 기뻐서 그의 언 뺨에 입을 맞췄다.

• I was so tired that I fell asleep. 나는 너무 피곤해서 잠이 들었다.

At last, they were home!

Everything was just as they had left it. [1]

But they realized they were no longer children. [2]

They had grown up!

They went into the garden and sat together among the rosebushes. They started to sing the old hymn.

"Roses bloom in the valley,
And we will see the Holy-Child one day."

Now they understood its meaning.

They were grown up, but still children at heart.

And it was summer — warm, beautiful summer.

□ **at last** 마침내, 드디어
□ **everything** 모든 것
□ **realize** 깨닫다
□ **grow up** 성장하다

□ **understand** 이해하다 (understand-understood-understood)
□ **meaning** 의미
□ **at heart** 마음 속은

---

1 **just as** (…와) 꼭 같은, 꼭 마찬가지로
   Everything was just as they had left it.
   모든 것이 그들이 떠날 때와 꼭 같았다.

2 **no longer** 더 이상 …가 아닌
   But they realized they were no longer children.
   그러나 그들은 자신들이 더 이상 어린아이가 아닌 것을 깨달았다.

Check-up Time!

● WORDS

퍼즐의 빈 칸에 들어갈 알맞은 낱말을 쓰세요.

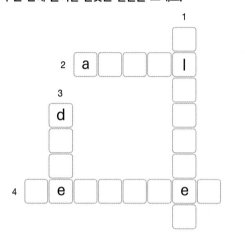

Across

2. 천사

4. 순록

Down

1. 알파벳

3. 비둘기

● STRUCTURE

주어진 단어를 어순에 알맞게 쓰세요.

1 Do you know _____ _____ _____?
(the hospital, is, where)

2 Steve _____ _____ _____ on his way
home. (go, continued, to)

3 Sally was _____ _____ _____ she sat
beside the fireplace. (that, cold, so)

사건이 일어난 순서대로 번호를 쓰세요.

a. Gerda met an old woman, doves and reindeer.

b. Gerda found Kai and they came back home.

c. The reindeer carried Gerda to the North Pole.

d. An army of angels fought with the Snow Queen's guards.

(   ) → (   ) → (   ) → (   )

● SUMMARY

빈칸에 알맞은 말을 보기에서 골라 이야기를 완성하세요.

Gerda found an old house. An old woman there told that Kai was with the Snow Queen. Gerda (   ) the Snow Queen's palace, but the huge (   ) like scary animals followed her. Angels (   ) them away and protected Gerda. Finally, Gerda met Kai and (   ) to their village together.

a. snowflakes   b. reached

c. chased   d. returned

ANSWERS

안데르센은 자신의 작품 속의 주인공들이 모두 그의 삶에서 나왔다고 말합니다.
그럼 안데르센 동화의 모티브가 된 인물들을 살펴볼까요?

안데르센 동화 속의 인물들 # Characters in Andersen's Fairy Tales

The Little Mermaid 인어공주

Louise Collin was once Andersen's lover. She was the daughter of his benefactor, and was the motive for this story. Andersen's hopeless love for her was reflected in it. 루이스 콜린은 한때 안데르센의 연인이었어요. 그녀는 후원자의 딸로 이 이야기의 모티브가 되었답니다. 그녀와의 이룰 수 없는 사랑이 동화 속에 잘 나타나 있어요.

The Steadfast Tin Soldier 장난감 병정

Another of Andersen's lovers was Sophie Orsted. She was rich, and was reflected in the beautiful dancer in the story. Poor, sad Andersen based the one legged soldier on himself. 안데르센의 또 다른 연인은 소피 외르스테드였어요. 그녀는 부자였고 동화 속 아름다운 무희에 반영되었어요. 가난하고 슬픈 안데르센은 외다리 병정에 자신을 투영했답니다.

The Nightingale 나이팅게일

This story was inspired by the famous Swedish opera soprano Jenny Lind, who was Andersen's last lover. The title came from her nickname, 'the Swedish Nightingale'. 이 이야기는 안데르센의 마지막 연인이었던 스웨덴의 유명한 오페라 가수 제니 린드에게서 영감을 받고 쓴 동화예요. 제목도 그녀의 애칭이었던 '스웨덴의 꾀꼬리(나이팅게일)'에서 딴 거랍니다.

The Little Match Girl 성냥팔이 소녀

Andersen was thinking of his mother when he wrote this story. She was very poor and had to beg in the street to feed her family. The lovely sights in the story were said to come from the illusions of his mentally ill mother. 안데르센은 그의 어머니를 생각하며 이 동화를 썼어요. 그녀는 매우 가난해서 가족들을 먹여 살리기 위해 길에서 구걸을 해야 했답니다. 동화 속의 아름다운 장면들은 정신 질환을 앓던 어머니의 환상에서 비롯된 것이라고 전해지고 있어요.

The Snow Queen 눈의 여왕

Just before Andersen's father died, he watched the snow falling outside and said, "Look, the Snow Queen has come to take me." Young Andersen remembered this, and many years later he wrote this story based on it. 안데르센의 아버지가 돌아가시기 바로 전에, 내리는 눈을 바라보며 "봐라, 눈의 여왕이 나를 데리러 왔구나."라고 말했어요. 어린 안데르센은 이 말을 기억했고 후에 그것을 바탕으로 이 동화를 썼답니다.

a Beautiful Invitation
— YBM Reading Library

The Wild Swans

Hans Christian Andersen

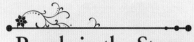

People in the Story

백조 왕자에 나오는 등장인물을 함께 살펴봐요.

Eleven Princes

사악한 새 여왕의 마법에 걸려 낮에는
백조로 변하게 된다. 동생 엘리자의
희생으로 마법에서 풀려 난다.

Queen

새 왕비가 된 사악한 마녀.
왕자들을 백조로 변하게 하고
엘리자도 흉한 모습으로 만들어
궁에서 내쫓는다.

Eliza

아름답고 착한 공주.
사악한 마법에 걸린 오빠들을
구하기 위해 고통을 참아
가며 쐐기풀 옷을 만든다.

King

젊고 친절한 왕.
궁으로 데려온 엘리자를
마녀로 오해하지만, 결국
진실을 알게 된다.

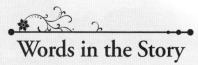

Words in the Story

백조 왕자의 주요 단어를 알아 볼까요?

wicked spell
사악한 마법

wild swan
야생 백조

wing
날개

cave
동굴

frightened
놀란

silence
침묵

suffer pain
고통을 겪다

human
사람

save
구하다

turn into
…로 변하다

weave
짜서 만들다

break the spell
마법을 풀다

nettle coat
쐐기풀 옷

CHAPTER 1

The Wicked Spell
사악한 마법

A long time ago, a King and a Queen lived in a faraway land.

They had eleven sons and one daughter called Eliza.

The children played happily together.

But when their mother died, they were very sad.

Some years later, their father remarried.

He thought his new wife would take care of his children. But he was wrong!

The new Queen was really a wicked witch!

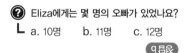

? Eliza에게는 몇 명의 오빠가 있었나요?

└ a. 10명   b. 11명   c. 12명

정답 b.

□ spell 마법
□ faraway 먼, 멀리 있는
□ called A A라고 불리는
□ die 죽다

□ some years later 몇 년 후
□ remarry 재혼하다
□ take care of …를 돌보다
□ wrong 틀린, 잘못된

She hated little Eliza, so she sent her to live with
peasants in the country.
And she told the King lies about the young princes.
He believed her, and refused to speak to his sons!
Then the Queen cast a spell on them.
"Fly away like ugly birds!" she cried.
"And never come back!"
But they weren't ugly
as she wished.
They became
handsome,
wild swans!

□ peasant 농부
□ refuse 거절하다
□ cast a spell on
 …에게 마법을 걸다
□ wild swan 야생 백조
□ flap 펄럭이다
□ be jealous of …를 질투하다
□ take a bath 목욕하다
□ secretly 몰래, 비밀리에
□ step out of …에서 나오다
□ poppy 양귀비

Early the next morning, the swans flew over the cottage where Eliza slept.

They flapped their wings loudly, but no one heard them. So they flew away into the wide world.

Eliza grew up to be beautiful.

When she was fifteen, she returned home.

But the wicked Queen was jealous of her beauty.

She had a plan to send Eliza away.

Before Eliza saw her father again, the Queen told her to take a bath.

Then she secretly put three toads in the bathwater.

"I hope they'll make her ugly!" she thought.

But Eliza didn't notice the toads.

When she stepped out of the bath, the toads had turned into red poppies.

She was very good, so the magic couldn't have any power over her!

Mini-Less ⬚ n

과거보다 더 과거: had + 과거분사

과거보다 더 이전에 있었던 일을 나타낼 때는 「had + 과거분사」와 같은 표현을 써요.
뜻은 '…했었다'가 된답니다.

• When she stepped out of the bath, the toads had turned into red poppies.
  그녀가 욕조에서 나왔을 때, 그 두꺼비들은 빨간 양귀비로 변해 있었다.

The Queen was very angry.

So she called Eliza and said,

"Come, let me finish your makeup." ☀

The Queen rubbed walnut juice* on Eliza's face.

Then she poured grease into her beautiful, golden hair.

Eliza looked very dirty and ugly. But she didn't know it.

"Your father won't recognize you now!"

thought the Queen.

When the King saw Eliza, he was shocked.

"You're not my daughter!" he shouted.

"Leave my palace, now!"

The poor girl was very unhappy.

"I must find my brothers!" she thought.

"They will help me."

She left the palace to search for them.

호두즙은 중세시대에 황갈색 염료로
쓰였으며 냄새도 지독했답니다.
여왕은 호두즙으로 엘리자의 얼굴을
못나게 보이도록 한 거예요.

---

1 **(It's) no wonder + (that) + 절** …은 당연하다 (조금도 이상하지 않다)
   "Oh, no wonder my father didn't recognize me," she thought.
   "아, 아버지께서 나를 못 알아보신 것은 당연하구나."라고 그녀는 생각했다.

Mini-Less ☀ n　　　　　　　　　　　See p.104

let + 목적어(A) + 동사원형(B)　A가 B하도록 해 주다
동사 let은 '…가 ~하게 해 주다'라는 허락의 뜻을 가진 동사예요. let 다음에 목적어가
오고 그 뒤에는 동사원형이 온답니다.

• So she called Eliza and said, "Come, let me finish your makeup."
  그래서 그녀는 엘리자를 불러 "이리 와라, 내가 네 치장을 마무리하게 해 주렴."이라고 말했다.

Later that day, she found a small lake in the forest.

She saw her dirty face in its clear water.

"Oh, no wonder my father didn't recognize me," [1]
she thought.

She washed herself until her white skin shone, and her
golden hair sparkled. Then she looked beautiful again.

She continued wandering far into the forest.

□ makeup 치장, 화장
□ rub 문지르다
□ walnut juice 호두즙
□ pour A into B A를 B에 붓다

□ grease 기름
□ golden hair 금발
□ shocked 충격을 받은
□ wander 헤매다, 떠돌다

After a while, she met an old woman.

"Have you seen eleven princes?" she asked.

"No," replied the old woman. "But yesterday I saw
eleven swans swimming in the river nearby.
They were wearing gold crowns."

The old woman led Eliza to the river, and then went
on her way. The river was calm and beautiful.
The sun shone brightly on it.

"Oh, it's so peaceful here," thought Eliza.

"I feel my brothers nearby!" She sat down to rest.

At sunset, Eliza saw eleven wild swans flying toward
her. She was scared, so she hid behind some bushes.

When the sun finally disappeared, the swans
changed into eleven handsome princes!

Eliza was surprised to see her brothers.

"At last, I've found you!" she cried.

She threw herself into their arms.

They were excited to see their sister again.

□ after a while 잠시 후
□ crown 왕관
□ lead A to B A를 B로 안내하다
  (lead-led-led)
□ go on one's way (…의) 길을 계속 가다
□ calm 고요한
□ peaceful 평화로운

□ at sunset 해질 무렵
□ hide 숨다 (hide-hid-hidden)
□ bush 덤불
□ change into …로 변하다
□ throw oneself into …에 몸을 던지다
□ be excited to + 동사원형
  …해서 흥분하다

"What happened to you?" she asked.

"Our stepmother cast a spell on us," answered
the eldest.

"We are swans in the daytime, but at sunset,
we become human again."

"Oh, my poor brothers," she sobbed, sadly.

"Tomorrow, we must fly far away from here," [1]
he continued.

"You must come with us!

We'll make a net to carry you in!"

"Oh, yes," she said, gladly. "I don't want to be
alone again!"

---

1 **must + 동사원형** ···해야 한다(의무)
  "Tomorrow, we must fly far away from here," he continued.
  "내일, 우리는 여기서 멀리 떨어진 곳으로 날아가야 해."라고 그는 말을 계속했다.

The princes collected some reeds from the riverbank.

They worked all night to make a large net.

At sunrise, it was ready.

Eliza lay down on the net, and the swans picked it up
in their beaks.

They flew over mountains and valleys, rivers and lakes.

Eliza thought she was dreaming!

□ stepmother 새어머니, 계모
□ sob 흐느끼다
□ collect 모으다
□ reed 갈대

□ at sunrise 동틀 무렵
□ lie down 눕다 (lie-lay-lain)
□ pick ... up …를 들어올리다
□ beak 부리

Eventually, they landed in a forest.

There was a small cave nearby.

The ceiling and floor were covered in light green moss. And thick, green vines grew on the walls.

"This is your new home, Eliza," said youngest brother.

That night, she prayed for her brothers.

"How can I save my brothers from the wicked spell?"

She fell asleep. She dreamed about a beautiful fairy.

"You can save your brothers," said the fairy.

"But you will suffer great pain."

"I will do anything to save them!" cried Eliza.

"Gather some stinging nettles," continued the fairy.

"Use them to make eleven coats.

The spell will be broken when the swans wear them.

But remember!

You must not speak until they are finished!

If you do, your brothers will die!"

Then she disappeared, and Eliza woke up.

☐ cave 동굴
☐ be covered in ···로 덮여 있다
☐ moss 이끼
☐ vine 넝쿨
☐ fairy 요정
☐ suffer (고통, 아픔 등을) 견디다, 참다

☐ gather 모으다
☐ (stinging) nettle 쐐기풀
☐ weave (실이나 천을) 짜서 만들다
☐ burning 화끈거리는
☐ blister 물집
☐ release 풀어주다, 놓아주다

That morning, she collected the nettles and began to weave the coats.
Her hands were soon covered in large, burning blisters. Her brothers returned at sunset.
They were frightened by her silence.
But they understood that she was working to save them. Her youngest brother's tears fell on Eliza's fingers. Then her burning blisters disappeared.
She worked all day and all night.
She couldn't rest until her brothers were released.

Check-up Time!

● **WORDS**

알맞은 단어의 뜻에 줄을 그으세요.

1 collect   •

2 weave   •

3 flap   •

4 wander   •

5 release   •

• 모으다

• 풀어주다

• 헤매다

• (날개를) 펄럭이다

• (실이나 천을) 짜서 만들다

● **STRUCTURE**

빈 칸에 알맞은 단어를 골라 문장을 완성하세요.

1 I _____ my homework before I played the baseball.

   a. had finished   b. finished

2 Let me _____ myself.

   a. to introduce   b. introduce

3 We must _____ far away from here.

   a. flying   b. fly

다음은 누가 한 말일까요? 기호를 써 넣으세요.

a.   b.   c.

1 _____ "Tomorrow, we must fly away from here."

2 _____ "I don't want to be alone!"

3 _____ "Leave my palace, now!"

● SUMMARY

빈 칸에 알맞은 말을 보기에서 골라 이야기를 완성하세요.

> The new Queen made eleven princes into wild ( ).
> She also sent Eliza away from the palace. Eliza found her
> brothers and they lived together in a ( ). One day, a
> ( ) appeared in her dream and said nettle coats
> would break the ( ). Eliza worked very hard to make
> them quickly.

a. spell   b. cave

c. fairy   d. swans

The Nettle Coats
쐐기풀 옷

- □ huntsman 사냥꾼 (= hunter)
- □ horn 뿔나팔, 뿔피리
- □ afraid 두려워하는
- □ pocket 호주머니
- □ lift A onto B A를 B 위로 들어 올리다
- □ safe 안전한
- □ arrive at …에 도착하다
- □ castle 성
- □ soft 부드러운
- □ glove 장갑

One day, when she was alone, Eliza heard a huntsman's horn. She was scared, and ran to hide in the cave. But the hunters found her.

"Don't be afraid!" said a handsome young man. [1]

"I am your King. Why are you living in this cave?"

But Eliza was silent.

She hid her poor hands in her pockets.

"You can't stay here," he said. "Come with me."

When he lifted her onto his horse, she began to cry.

"I only want you to be safe," said the young King, kindly.

Finally, they arrived at his castle.

Eliza was given beautiful clothes to wear.

She was also given soft gloves to cover her hands.

But she was still very sad.

---

1 **Don't + 동사원형** ···하지 마라
"Don't be afraid!" said a handsome young man.
"무서워하지 마시오!" 잘생긴 젊은 남자가 말했다.

Mini-Lesson

수동태: ···되어지다

'···되어지다' 라고 하고 싶을 때에는 「be + 과거분사(+by + 행위자)」라는 표현을 쓰세요. 「by + 행위자」는 생략이 가능해요.

• Eliza was given beautiful clothes to wear (by the King).
엘리자에게는 그녀가 입을 아름다운 옷이 주어졌다.

The King wanted to make her happy.

That night, he led Eliza to her room.

It was decorated with rich green tapestries.

It looked like the cave! 목화나 누에고치로 옷을 만들기 이전에는 사람들이 쐐기풀에서 실을 자아서 옷을 짜서 입기도 했답니다.

Her bundle of nettles lay on the floor.

And one finished coat hung on the wall.

"You'll feel happy here," he said.

Eliza smiled at him.

She loved the King, but she still missed her brothers!

The King wanted to marry Eliza.

But the wicked Archbishop tried to stop the wedding.

"She is a witch, my Lord," said the Archbishop.

"Her beauty blinds you!"

But the King would not change his mind. [1]

□ be decorated with …로 장식되다
□ tapestry 벽걸이 융단
□ bundle 꾸러미, 다발
□ hang on …에 걸려 있다
  (hang-hung-hung)

□ smile at …에게 미소 짓다
□ Archbishop 대주교
□ wedding 결혼(식)
□ my Lord 전하, 각하
□ tiptoe 발끝으로 살금살금 걷다

[1] **change one's mind** (…의) 마음을 바꾸다
But the King would not change his mind.
하지만 왕은 마음을 바꾸려 하지 않았다.

[2] **one after another** 차례로, 잇따라
She quickly made one coat after another.
그녀는 재빨리 차례로 옷을 만들었다.

Each night, Eliza tiptoed into her green room.
She quickly made one coat after another. [2]
Very soon, she needed more nettles to finish
the coats.
"I must get some more," she thought.
"But I hope no one sees me!"

That night, she crept into the churchyard.
A group of witches were sitting on the gravestones.
She was scared and hurriedly passed them.
Then she gathered the nettles and ran
back to the castle.
But, someone had seen her. It was the Archbishop!
"Now, I have proof that Eliza is a witch!"
he thought.

☐ **creep** 살금살금 움직이다 (creep-crept-crept) ☐ **pass (by)** 지나가다
☐ **churchyard** 교회 부속 묘지(뜰) ☐ **proof** 증거
☐ **a group of** 한 무리의 ☐ **true** 사실의
☐ **gravestone** 묘비 ☐ **visit** 들르다, 방문하다

In the morning, he told the King everything.

"I don't believe it!" cried the King.

"It's true, my lord," said the Archbishop.

"Come with me when Eliza visits the churchyard!"
Some nights later, Eliza went to the churchyard
again. This time, the King and the Archbishop
followed her. They watched secretly as she passed
by the witches, and gathered her nettles.

"Oh, no!" cried the King. "She is really a witch!"

The following day, Eliza was locked in a prison cell.
Luckily, she had brought the nettles and coats
with her.
She hurried to finish the last one. [1]
The King visited Eliza.
"Please, say something," he said.
"Everyone wants me to punish you!"
Tears fell down Eliza's cheeks.
But she remained silent and kept working on the final
coat. She only thought about saving her brothers.
"I can do no more for you!" he said sadly, and left her.
After a while, Eliza was taken to the town square
on an old cart.
Her face was pale, and she prayed silently.

hurry to + 동사원형 …하기 위해 서두르다
She hurried to finish the last one.
그녀는 마지막 옷을 마무리하기 위해 서둘렀다.

☐ the following day 다음날
☐ be locked in …에 갇히다
☐ prison cell 감옥의 독방
☐ punish 처벌하다
☐ remain silent 침묵을 지키다
☐ town square 마을 광장
☐ on an old cart 낡은 수레를 타고
☐ pale 창백한
☐ silently 조용히
☐ scream 소리지르다
☐ crowd 군중
☐ a sign from heaven
   하늘의 계시
☐ innocent 결백한

Ten coats lay at her feet.

She continued to work on the last one.

"See the witch!" screamed the crowd.

"Punish her!" they shouted.

At that moment, eleven wild swans landed on the cart. They loudly flapped their large wings.

The crowd was frightened.

"It's a sign from heaven," some whispered.

"She must be innocent!"

Eliza threw the coats over the swans.

They immediately turned into eleven handsome

princes! Everyone was very surprised!

"Now I can speak," shouted Eliza. "I am innocent!"

"That's right!" cried her eldest brother.

Then he told them the whole story. [1]

Suddenly, a beautiful rosebush bloomed nearby.

A wonderful scent filled the whole air.

The King picked a flower and gave it to Eliza.

"You are so kind and brave, Eliza," said the King.

"Will you forgive me?"

"Yes, my love," she said.

Then all the church bells rang out joyously.

Wonderful wedding celebrations were held for

many days.

At last, everyone in the kingdom felt happy

and peaceful!

---

1 **tell** + 간접목적어(**A**) + 직접목적어(**B**) A에게 B를 말하다
Then he told them the whole story.
그리고 나서 그는 그들에게 모든 사연을 말했다.

□ immediately 즉시
□ the whole 전체
□ scent 향기
□ fill 채우다
□ brave 용기 있는

□ forgive 용서하다
□ ring out 울려 퍼지다 (ring-rang-rung)
□ joyously 즐겁게
□ celebration 축하연, 잔치
□ be held …이 열리다

 Check-up Time!

● **WORDS**

퍼즐의 빈 칸에 들어갈 알맞은 낱말을 쓰세요.

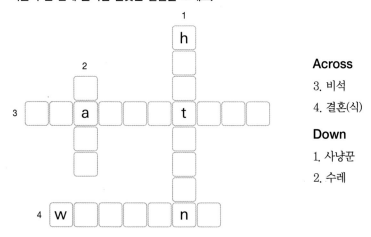

Across

3. 비석

4. 결혼(식)

Down

1. 사냥꾼

2. 수레

● **STRUCTURE**

문장의 뜻에 알맞은 동사의 형태를 찾아 동그라미 하세요.

1 아빠는 일을 끝내기 위해 서두르셨다.

→ My father hurried (to finish / finishing) the work.

2 모든 학생들은 이름표가 주어졌다.

→ Each student (was given / gave) a name tag.

3 거짓말하지 마라!

→ Don't (telling / tell) a lie!

본문에 나오는 내용을 생각하며 보기에서 맞는 주어를 골라 써 넣으세요.

a. Eliza	b. The King
c. The Archbishop	d. The eldest brother

1 _____ wanted to make Eliza happy.

2 _____ tried to stop the wedding.

3 _____ told everyone the whole story.

4 _____ needed more nettles.

● SUMMARY

빈 칸에 알맞은 말을 보기에서 골라 이야기를 완성하세요.

Eliza met a young King and moved to his palace. One night, she (   ) nettles secretly. But the Archbishop saw her. Everyone wanted to (   ) Eliza at the town square. She (   ) the coats over the swans. Then they turned into the princes again! Eliza and the King (   ) and lived all happily ever after.

a. married	b. punish
c. gathered	d. threw

a Beautiful Invitation
– YBM Reading Library

The Little Match Girl

Hans Christian Andersen

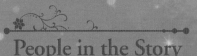

People in the Story

성냥팔이 소녀의 등장인물을 살펴볼까요?

snow
눈

Grandmother
성냥팔이 소녀의 할머니.
추위에 떨고 있는 가엾은 성냥팔이
소녀를 안고 하늘나라로 간다.

fall
떨어지다

star
별

Little Match Girl
거리에서 성냥을 파는 가엾은 소녀.
추위를 피하려고 켠 성냥 불꽃
속에서 아름다운 환상들을 본다.

match
성냥

light
불빛

Words in the Story

성냥팔이 소녀에 나오는 단어들을 살펴봐요.

twinkle
반짝이다

window
창문

wonderful 멋진

shine
빛나다

decoration
장식물

warm
따뜻한

candle
양초

happy
행복한

tray
접시

delicious foods
맛있는 음식들

roast goose
구운 거위

table
식탁

The Little Match Girl
성냥팔이 소녀

One New Year's Eve, a poor little girl was wandering
the streets.
Her clothes were dirty and her feet were bare.
It was snowing heavily, but she kept trying to
sell matches.
If she returned home with no money,
her father would beat her!

□ match 성냥
□ New Year's Eve 새해 하루 전날
□ bare (부분적으로) 벗은
□ heavily 몹시, 심하게
□ beat 때리다
□ delicious 맛있는
□ roast goose 구운 거위
□ miserable 비참한

The little match girl was very cold and hungry.

She could smell the delicious roast goose.

She could see candles shining through every
window.

People looked happy.

But the little match girl was miserable.

She tried to hide from the freezing snow.

But she grew colder and colder.

"A match will warm my fingers," she thought.

She took one match and rubbed it against the wall.

"Rischt!" It burned brightly!

The small match shone like a candle!

The little girl held her hands over its warm flame. [1]

Then she imagined she was sitting beside a large stove. But when she tried to warm her feet, the small flame went out.

□ flame 불꽃
□ imagine + 절 …라고 상상하다
□ stove 난로
□ go out (불 등이) 꺼지다 (go-went-gone)
□ tray 접시

□ reach out (손 등을) 뻗다
□ hundreds of 수백의
□ shiny 빛나는
□ decoration 장식물
□ twinkle 반짝이다

---

1 **hold A over B** A를 B 위에 대다 (두다)
The little girl held her hands over its warm flame.
작은 소녀는 자신의 손을 따뜻한 불꽃 위에 (가져다) 대었다.

2 **be covered with** …으로 덮여 있다
It was covered with many trays of delicious foods!
그것은 맛있는 음식을 담은 많은 접시들로 덮여 있었다!

She lit another match.

When it shone, she saw a large table.

It was covered with many trays of delicious foods! [2]

She reached out for the foods, but the match went out! She lit another match.

This time, she was sitting under a wonderful Christmas tree. Hundreds of candles burned on its branches.

And lots of shiny decorations twinkled in their light.

"It's so beautiful," she cried.

She tried to touch the tree, but all the candles
rose into the night sky.
Then they became little stars.
Suddenly, she saw one of them falling in the sky.
"Oh, someone is dying," she whispered.
"Grandma told me that when a star
falls, someone dies.
And then their soul goes to Heaven."

1 **just like** ···와 똑같이
Just like the stove, the foods, and the Christmas tree!
난로, 음식들, 그리고 크리스마스 트리와 똑같이!

She lit another match.

In its light, she saw her old grandmother.

She had died a few years ago, but her face
was still bright.

She looked lovingly at the little girl.

"Grandma!" she sobbed.

"Stay with me! I know you will disappear
when the match burns out. Just like the stove,
the foods, and the Christmas tree!" [1]

- □ touch 만지다
- □ rise into …로 올라가다 (rise-rose-risen)
- □ grandma (구어) 할머니
- □ soul 영혼
- □ lovingly 사랑스럽게
- □ burn out (불 등이) 꺼지다

Mini-Lesson

See p.105

see + 목적어(A) + …ing(B) A가 B하고 있는 것을 보다

'보다, 듣다, 느끼다'라는 뜻의 see, watch, hear, feel과 같은 동사 뒤에
목적어가 오고 목적보어로 …ing가 오면 '…가 ~하고 있는 것을 보다(듣다, 느끼다)'
라는 뜻이 된답니다.

- Suddenly, she saw one of them falling in the sky.
  갑자기, 소녀는 별들 중 하나가 하늘에서 떨어지고 있는 것을 보았다.
- I heard the cats crying outside. 나는 밖에서 고양이들이 울고 있는 소리를 들었다.

She quickly rubbed all the matches against the wall.

They shone as bright as a summer's day!

"Grandma, take me with you!" she cried.

The old lady held the little girl in her arms.

Together they flew very, very high into the sky.

In the morning, the frozen body of the little match girl was found.

She still sat against the wall.

And she still held the burnt matches in her hand.

But her cheeks were rosy, and she was smiling!

Poor little match girl!

No one had noticed her alone and freezing the night before.

And no one knew the lovely sights she had seen.

On New Year's Day, she was finally happy and at peace.

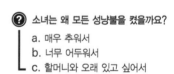

❓ 소녀는 왜 모든 성냥불을 켰을까요?
a. 매우 추워서
b. 너무 어두워서
c. 할머니와 오래 있고 싶어서

정답 ⊃

- □ all the + A 모든 A
- □ hold A in B's arms A를 B의 팔에 안다
- □ frozen body 언 몸
- □ burnt 불에 탄
- □ the night before 전날 밤
- □ sight 장면, 광경
- □ New Year's Day 새해 첫 날(1월 1일)
- □ be at peace 평온하다

Check-up Time!

● WORDS

빈 칸에 알맞은 단어를 보기에서 골라 문장을 완성하세요.

shiny	miserable	delicious	burnt

1 These _____ stars look so beautiful.

2 The hungry girl felt _____.

3 We can smell so many _____ foods.

4 My mother threw away the _____ bread.

● STRUCTURE

빈 칸에 알맞은 단어를 골라 체크하세요.

1 I saw Jane _____ in her room.

☐ to study   ☐ studying

2 The garden is covered _____ lots of flowers.

☐ of   ☐ with

3 Susan wants to be beautiful. Just _____ her mother!

☐ like   ☐ by

(ANSWERS)

Structure | 1. studying 2. with 3. like

Words | 1. shiny 2. miserable 3. delicious 4. burnt

본문의 내용과 일치하면 True, 일치하지 않으면 False에 표시하세요.

1 The little match girl did not have warm clothes.

☐ True   ☐ False

2 The little match girl saw roast goose in the window.

☐ True   ☐ False

3 The little match girl saw one star falling in the sky.

☐ True   ☐ False

4 The little match girl's grandmother was still alive.

☐ True   ☐ False

● SUMMARY

빈칸에 알맞은 말을 보기에서 골라 이야기를 완성하세요.

One cold night, a little match girl was selling (   ).
She was cold and lit matches. In the (   ), she saw a
stove, foods, and a Christmas tree. And she saw her
old grandmother. She asked grandmother to (   ) her
away. Finally, they (   ) happily together into the sky.

a. flew   b. lights

c. take   d. matches

After
the Story

Reading X-File 이야기가 있는 구문 독해
Listening X-File 공개 리스닝 비밀 파일
Story in Korean 우리 글로 다시 읽기

Very soon, his heart became as cold as ice!

곧바로, 그의 가슴은 얼음처럼 차가워졌다!

★　★　★

땅에 떨어져 무수한 작은 조각으로 부서진 마법 거울. 그 사악한 조각이 카이의 가슴에 들어가자 그의 심장은 곧 얼음처럼 차갑게 변합니다. 착하고 친절하던 카이는 갑자기 난폭해져서 함께 놀고 있던 게르다에게 소리치며 정원의 장미꽃을 뽑아 짓밟는데요, 이때의 상황을 묘사한 위 문장에서 '…처럼(만큼) ~한'을 뜻하는 as ~ as...가 쓰였어요. 그럼 이 표현을 카이와 게르다의 대화로 다시 한번 볼까요?

Kai

I saw the Snow Queen last night.
She was as white as snow!

어젯밤 눈의 여왕을 봤어.
그녀는 눈처럼 하얗더라!

Gerda

Oh, really?
I want to see her, too!

오, 정말?
나도 그녀를 보고 싶어!

The longer she searched,
the more she missed Kai.

찾아 다닌 시간이 길어질수록, 그녀는 카이가 더욱더 그리워졌다.

★　★　★

눈의 여왕과 함께 떠난 카이를 찾으러 게르다는 길을 떠납니다. 그녀는 늙은 마녀 할머니를 만나 그 집에 머물기도 하고, 까마귀를 만나 성으로 함께 찾아 가기도 합니다. 이렇게 많은 모험을 하며 게르다는 점점 카이가 더 그리워졌는데요, '…할수록 더 ~하다' 라는 뜻의 the + 비교급, the + 비교급이 쓰인 위 문장에 그런 게르다의 심정이 잘 나타나 있네요. 그럼 눈의 여왕과 카이의 대화로 이 표현을 익혀 볼까요?

Snow Queen

Your sled ran very fast along with mine.
You must be cold.

네 썰매는 내 썰매와 함께 매우 빨리 달렸어.
넌 분명히 추울 거야.

Kai

Yes, I'm freezing.
The faster my sled ran, the colder I felt.

네, 몹시 추워요.
제 썰매가 빨리 달릴수록, 더 추웠어요.

본문 page 64
본문 page 94

Come, let me finish your makeup.

이리 와라, 내가 네 치장을 마무리하게 해 주렴.

★ ★ ★

왕자들에게 마법을 걸어 백조로 변하게 하여 성에서 쫓아낸 사악한 새 여왕. 그녀는 눈부시게 아름다운 소녀가 된 엘리자를 질투하여 그녀도 성에서 내쫓을 궁리를 합니다. 여왕은 엘리자를 치장해 주겠다고 불러서, 그녀의 얼굴을 호두즙으로 문질러 검게 하고 머리에 기름을 부어 보기 흉하게 만들지요. 이때 사용한 let + 목적어 + 동사원형이 '…가 ~하게 해 주다'라는 표현이라는 것, 알고 있었나요? 그럼 엘리자와 오빠들의 대화로 다시 한번 익혀 봐요.

Eliza

Let me go with you!
I don't want to be alone!

나도 오빠들과 가게 해 줘요!
혼자 있고 싶지 않아요!

Brothers

Oh, yes. We will take you.
We will make a net to carry you in.

오, 그럼. 널 데려갈 거야.
너를 태울 그물을 만들려고 해.

She saw one of them falling in the sky.

그녀는 그 별들 중 하나가 하늘에서 떨어지는 것을 보았다.

★　★　★

성냥불꽃 속에서 아름다운 크리스마스 트리를 본 성냥팔이 소녀. 트리를 만지려고 하자 그 트리의 촛불들은 밤하늘로 날아 올라가 별이 되는데요, 소녀는 그 별들 중 하나가 땅에 떨어지는 것을 보게 됩니다. 그 광경을 묘사한 위 문장에 see[watch, hear, feel] + 목적어 + ...ing형 목적보어가 쓰여 '…가 ~하고 있는 것을 보다[지켜보다, 듣다, 느끼다]' 라는 뜻을 만들고 있네요. 그럼 성냥팔이 소녀와 할머니의 대화로 이 표현을 다시 한번 확인해 볼까요?

I saw you living happily in my dream.
Take me with you, Grandma!

꿈 속에서 할머니가 행복하게 사시는 것을 봤어요.
저를 데려가 주세요, 할머니!

Little Match Girl

Okay, my dear.
You will be happy there, too.

알겠다, 아가.
너도 그곳에서 행복할 거란다.

Grandmother

01 드라이브? 아니, 듀라이브!

d 뒤에 r이 오면 d가 [듀]와 [쥬]의 중간 소리로 나요.

"드라이브 가자?" 아니요, 정확하게는 "듀라이브 가자"라고 말해야 해요. dr 발음에서 d는 [듀]와 [쥬]의 중간 소리에 가깝게 소리 나기 때문이지요. 따라서 drive, dress는 [드라이브], [드레스]가 아니라 [듀라이브], [듀레스]라고 말해야 한답니다. 혀끝을 윗니 뒷부분에 스쳐 d 발음을 내면서 입모양을 '우'로 만들고 r 발음으로 이어 보세요. [듀]와 [쥬]의 중간 소리가 날 거예요. 본문 24쪽을 볼까요?

It was (①) by a woman. She was (②) all in white.

① **driven** 어때요? [드리븐]이 아니라 [듀리븐]으로 발음했어요.

② **dressed** [드레스드]라고 들리나요?
아니죠, [듀레스드]로 발음했지요. d 뒤에
r이 올 경우 d가 [듀]와 [쥬]로 중간 소리로
발음되기 때문이랍니다.

wh 발음에서 h는 없는 셈 치세요~

wh의 h는 소리가 거의 나지 않아요.

02

화이트 크리스마스~. 성탄절마다 거리에서 흘러 나오는 캐롤송에 많이 나오는 말이지요. 하지만 정확히는 와잇 크리스마스라고 해야 한답니다. 왜 그럴까요? 영어에서는 wh가 함께 나올 때 h의 [ㅎ] 발음을 대부분 생략하기 때문이랍니다. h는 없다고 생각하고 입을 앞으로 내밀고 [우]하는 w 발음을 하고 다음 모음을 발음해 주세요. 그럼 이런 경우를 본문 **24**쪽에서 다시 한번 확인해 볼까요?

(①) he was playing there, a large, (②) sledge stopped nearby.

① **When** h 소리가 생략되어 [웬]으로 들리지요?

② **white** [화잇]이라고 들리나요? 아니죠, [와잇]으로 들리지요? 앞에서 설명한 대로 wh 발음은 h를 생략하고 w 발음만 하기 때문이지요.

03 girl만 잘 읽어도 발음의 고수!

rl 발음은 r과 l 모두 제대로 발음해 주세요.

우리가 가장 흔하게 쓰는 단어 중 하나인 **girl**. girl은 쉬운 발음 같지만 제대로 발음할 줄 아는 사람은 많지 않아요. r과 l이 만난 rl 발음은 r과 l을 각각 제대로 발음해 주어야 해요. girl을 한번 발음해 볼까요? 우선 혀를 구부려 gir까지 [거r]라고 발음한 후, 혀끝을 윗니 뒤에 붙였다 떼면서 남은 l발음인 [으리] 발음으로 이어줍니다. [거r으리]. 쉽지 않지요? 본문 63쪽과 64쪽에서 이 발음을 확인해 보세요.

The poor (①) was very unhappy.

① **girl** 주의 깊게 들어보세요. [거r으리]이라고 발음하는 것을 들을 수 있지요?

So they flew away into the wide (②).

② **world** [월:드]라고 발음되었나요? 아니에요, [워r으르ㄷ]라고 발음하고 있어요.

04 c와 h가 만들어내는 새로운 세계

c와 h가 만나면 [ㅊ]와 같은 새로운 발음이 만들어져요.

ch 발음은 c와 h가 각각 발음되는 것이 아니라 [ㅊ]와 같은 전혀 새로운 발음으로 만들어진답니다. 예를 들어, cheek이 [취이크]으로 발음되는 것처럼 말이지요. 정확한 ch 발음을 하려면 양 입술을 둥글게 앞으로 내민 다음, 혀를 윗니 뒷부분에 가볍게 붙이고 바람을 밀어내면서 갑자기 떼 보세요. 그러면 좁은 통로로 소리가 납니다. 본문 96쪽에서 이런 경우를 다시 한번 찾아 볼까요?

But her (①) were rosy, and she was smiling!
Poor little (②) girl!

① **cheeks** cheek의 복수형인 cheeks가 왔어요. ch 소리 잘 들으셨나요? c 뒤에 h가 와서 [취이크씨]로 소리 났어요.

② **match** 마찬가지로 [매ㅌ추이[치]]라고 발음됐네요.

1장 | 마법 거울

p.16~17 옛날 옛적에, 못된 마귀가 살고 있었다. 그 마귀는 마법의 거울을 가지고 있었다. 그 거울은 아름답고 좋은 것들을 모조리 나쁘고 못하게 보이도록 만들었다!

어느 날, 마귀는 실수로 거울을 떨어뜨렸다. 거울은 땅바닥에 떨어져 산산조각이 나고 말았다!

사악한 거울 조각들은 온 세상에 흩어져 날아다녔다. 어떤 조각들은 사람들의 눈에 들어가 그 사람들로 하여금 나쁜 모습만을 보게 만들었다. 또 다른 조각들은 사람들의 심장 속에 들어가 그 사람들을 나쁘고 잔인한 사람들로 변하게 만들었다.

사악한 거울 조각들은 여전히 허공을 떠돌고 있다.

이제, 여러분은 한 소년에게 일어났던 이야기를 듣게 될 것이다!

p.18~19 덴마크의 한 마을에 카이라는 이름의 소년이 살고 있었다. 소년의 단짝 게르다는 바로 옆 집에 살고 있었다. 그들의 집 사이에는 아름답고 조그만 뜰이 하나 있었다.

여름이면, 카이와 게르다는 그 뜰에서 놀았다. 그들은 햇볕을 쬐며 장미꽃들에 둘러싸여 앉아 있기를 좋아했다. 하지만 겨울에는 너무 추워서 밖에서 놀 수 없었다. 그래서 그들은 집 안에서 지내야만 했다.

눈이 내리던 어느 날, 카이는 게르다와 함께 집에서 놀고 있었다. 카이의 할머니는 그들 곁에서 뜨개질을 하고 있었다. 그들은 밖에 눈이 내리고 있는 것을 볼 수 있었다.

"하얀 벌들이 날아다니고 있는 것 같구나." 할머니가 말했다.

"진짜 벌들처럼 눈에게도 여왕이 있을까요?" 카이는 물었다.

카이는 벌들에게 여왕벌이 있다는 것을 알고 있었다.

"그렇단다." 할머니가 말했다. "겨울 밤이면, 여왕벌은 창문을 얼게 한단다. 얼어붙은 눈송이들이 마치 예쁜 하얀 꽃처럼 보이지."

"아, 전 봤어요!" 게르다가 말했다. "너무 예뻤어요!"

p.20~21 그날 밤, 카이가 밖을 내다보았을 때, 커다란 눈송이가 하나 창에 내려앉았다. 그가 보고 있는 사이, 그 눈송이는 점점 더 커졌다. 마침내, 그 눈송이는 키가 크고 늘씬한 젊은 여인으로 변했다. 그 여인은 머리부터 발끝까지 눈처럼 희었다! 그녀는 아름다웠지만, 눈빛은 마치 얼음장처럼 싸늘했다.

'눈의 여왕인가 보다!' 카이는 생각했다.

그 여인은 카이에게 손을 흔들었다. 하지만 카이는 너무나 겁이 나서 꼼짝도 할 수 없었다! 그러자 여인은 날아가 밤하늘로 사라져 버렸다.

p.22~23 얼마 후 여름이 되었다. 장미꽃들이 다시금 아름답게 피어났다. 어느 날, 카이와 게르다는 장미꽃들 사이에 함께 앉아 있었다. 게르다는 오래된 찬송가를 부르기 시작했다.

"장미꽃들은 골짜기에서 피어난다네,
언젠가는 아기 예수를 볼 수 있으리."

"아얏!" 갑자기 카이가 소리쳤다. "가슴에 무언가가 박혔어! 그리고, 눈에도!"
게르다는 카이의 눈을 들여다 보았지만, 아무것도 발견하지 못했다.
"괜찮아. 이젠 빠져 나온 것 같아." 카이는 말했다.
하지만 그렇지 않다! 사악한 거울 조각이 카이의 눈 속에 들어간 것이었다. 그리고 또 다른 조각 하나는 카이의 심장으로 들어갔다. 매우 빨리, 그의 심장은 얼음처럼 차가워졌다!

별안간, 카이가 벌떡 일어서며 게르다에게 고함을 치기 시작했다.

"넌 너무 못생겼어! 저 장미꽃들은 벌레투성이야!"
카이는 장미꽃들을 뽑아 짓밟아 버렸다. 게르다는 무척 겁이 났다.
"가엾은 내 장미꽃들." 그녀는 울음을 터뜨렸다.
"이제 너랑 다시는 놀지 않을 거야!" 카이는 화를 내며 소리쳤다.

p.24~25 그때부터, 카이는 못된 소년이 되었다. 할머니의 안경도 훔치고, 친구들도 괴롭혔다. 어떨 때는 친구들과 싸움을 하기도 했다.

게르다는 카이가 무척 걱정되었다.

"아, 카이가 다시 착한 아이가 되었으면 좋겠어." 그녀는 중얼거렸다.

어느 추운 날, 카이는 썰매를 가지고 강가에 나갔다. 그가 그곳에서 썰매를 타고 있을 때, 커다랗고 새하얀 썰매 하나가 근처에 멈춰 섰다. 한 여인이 그 썰매를 몰고 있었다. 그녀는 온통 새하얀 옷을 입고 있었다. 카이는 재빨리 자기 썰매를 여인의 썰매 뒤에 매었다. 그러자 여인의 썰매가 달리기 시작했다. 카이는 여인의 썰매에 이끌려 더욱 더 빨리 달리게 되었다! 그는 점점 더 춥다고 느꼈지만, 매우 재미있었다!

갑자기, 그 커다란 썰매가 멈추었다. 썰매를 몰던 여인은 카이를 뒤돌아 보았다.

'창문에서 보았던 바로 그 여인이잖아!' 카이는 생각했다.

p.26~27 "나는 눈의 여왕이란다." 그녀가 말했다. "너는 분명히 몹시 추울 거야! 이리 와서 내 곁에 앉아라."

카이는 그녀의 곁에 앉았다. 여인은 눈처럼 하얀 두터운 모피로 카이를 감싸 주었다.

"아직도 춥니?" 그녀가 물었다.

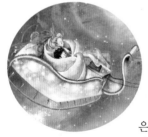

그리고 그녀는 카이의 이마에 입맞춤을 했다. 그녀의 입맞춤은 카이의 마음을 꽁꽁 얼어붙게 만들었고, 이내 카이는 게르다와 할머니를 잊어버리고 말았다.

새하얀 썰매는 하늘 위로 날아올랐다. 그들은 거센 바람이 휘몰아치는 하늘을 날아갔다. 눈이 반짝거렸고, 어두운 하늘에는 달이 찬란히 빛나고 있었다. 그들은 눈의 여왕이 사는 궁전 쪽을 향해 계속 날아갔다.

2장 | 카이를 찾아 나선 게르다

p.30~31 카이가 돌아오지 않자 게르다는 걱정이 되었다. 모두들 카이가 강물에 빠져 죽었다고 말했다.

'카이가 죽었다는 걸 믿을 수 없어.' 그녀는 생각했다. '내가 카이를 찾고 말겠어!'

그래서 다음날 아침, 게르다는 강가로 나갔다. 거기서 조그만 보트 하나를 발견하고 그 위에 올라탔다.

"강물아, 내 친구 카이가 있는 곳으로 데려다 주렴." 그녀가 말했다.

그러자 보트는 물살을 가르며 움직이기 시작했다.

얼마 후, 게르다는 강기슭 가까이에 예쁜 시골집이 있는 것을 보았다. 그녀는 보트에서 내려 그 집으로 다가갔다.

"여보세요, 아무도 안 계세요?" 그녀는 소리쳐 불렀다.

한 노부인이 오두막에서 나왔다. 그 노부인은 예쁜 모자를 쓰고 있었다. 장미꽃들이 가득히 모자에 그려져 있었다.

"저런, 가엾은 아이로구나." 노부인이 말했다. "여기서 무얼 하고 있니?"

게르다는 카이에 대한 이야기를 했다.

p.32~33　그 노부인은 사실 마녀였지만, 나쁜 마녀는 아니었다. 그녀는 쓸쓸해서 게르다와 함께 살고 싶었다.

"네 친구는 본 적이 없단다." 그녀는 말했다.

"하지만 무사할 게다. 피곤해 보이는구나. 잠시 쉬는 동안 내가 머리를 빗겨주마!"

하지만 그 빗은 마법의 빗이었다! 노부인이 머리를 빗겨주자, 게르다는 카이에 대해 잊어버리고 말았다.

그런 다음, 노부인은 정원으로 나갔다.

"장미꽃들이 게르다에게 자기 친구를 떠올리게 할 거야!" 라고 그녀는 말했다.

그녀는 장미꽃들에게 주문을 걸었다. 그러자 장미꽃들은 땅속으로 사라지고 말았다.

며칠 동안 게르다는 노부인의 정원에서 즐겁게 놀았다. 게르다는 꽃들의 이름을 모두 알고 있었다. 하지만, 무언가 한 가지가 빠진 듯했다.

어느 날, 그녀는 노부인의 모자에 그려진 장미꽃들을 발견했다.

"그렇구나!" 게르다는 외쳤다. "이 정원에는 장미꽃이 없어!"

게르다는 장미꽃들을 보고 카이를

기억하게 되었다. 그녀는 울기 시작했다. 그녀의 뜨거운 눈물이 땅을 적시자, 장미꽃들이 피어났다.

"오, 아름다운 장미야," 그녀가 물었다. "카이가 어디 있는지 알고 있니?"

"아니요, 하지만 카이는 죽지 않았어요!" 장미들이 대답했다.

"장미야, 고마워." 그녀는 말했다. "난 카이를 반드시 찾아야만 해!"

그리고 그녀는 카이를 계속 찾기 위해 정원을 떠났다.

p.34~35 게르다는 오랫동안 걷고 또 걸었다. 그녀는 지친 나머지 앉아서 휴식을 취했다.

"벌써 가을이 되었네." 그녀는 말했다. "아, 불쌍한 카이! 내가 시간을 너무 허비했어!" 그녀는 무척 슬펐다.

별안간, 까마귀 한 마리가 나무에서 날아 내려와 그녀 곁에 앉았다.

"까악! 까악!" 까마귀는 큰 소리로 울어대었다. "넌 왜 슬퍼 보이니?"

게르다는 깜짝 놀랐지만, 까마귀에게 카이에 대한 이야기를 들려주었다.

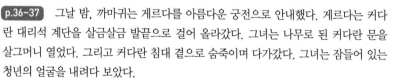

"내 생각에 네 친구는 공주의 성에 있는 것 같아." 까마귀가 말했다.

"정말이니?" 게르다는 소리쳤다.

"그래! 난 성의 부엌에서 살거든! 얼마 전에 공주가 결혼을 했어. 공주의 신랑이 파란 눈에 검은 머리야!"

"카이인 것 같네!" 그녀는 소리쳤다.

p.36~37 그날 밤, 까마귀는 게르다를 아름다운 궁전으로 안내했다. 게르다는 커다란 대리석 계단을 살금살금 발끝으로 걸어 올라갔다. 그녀는 나무로 된 커다란 문을 살그머니 열었다. 그리고 커다란 침대 곁으로 숨죽이며 다가갔다. 그녀는 잠들어 있는 청년의 얼굴을 내려다 보았다.

"이런, 카이가 아니잖아!" 그녀는 슬피 외쳤다.

그때 공주와 공주의 남편이 잠에서 깨었다. 그들은 방 안에 있는 낯선 사람을 보고서 놀랐다. 게르다는 그들에게 자신의 이야기를 했다. 그들은 게르다를 가엾게 여겼다. 그래서 그녀에게 따뜻한 옷과 좋은 마차를 내주었다. 게르다는 기운을 차리고 떠날 차비를 했다.

"잘 가요! 행운을 빌어요!" 그녀가 떠날 때 공주 부부가 말했다.

"고맙습니다." 그녀가 큰 소리로 대답했다.

게르다는 며칠 동안 계속 길을 갔다. 길을 가던 도중, 그녀는 하늘에 아름답게 노을이 진 광경을 보았다.

"어머, 정말 아름다워." 그녀는 나직이 중얼거렸다.

붉게 노을 진 하늘을 보니 그녀는 고향의 장미꽃 뜰이 생각났다. 그녀는 카이를 생각했다.

찾아 다닌 시간이 길어질수록, 그녀는 카이가 더욱 더 그리워졌다.

3장 | 카이의 귀환

`p.40~41` 오랫동안 게르다는 마차를 계속 몰았다. 그녀는 무척 지쳐 있었다. 그때 작고 오래된 집 한 채를 발견했다. 그녀는 마차를 멈추고 그 집 문을 두드렸다.

"들어와서 쉬었다 가렴." 하고 한 노파가 말했다.

게르다는 안으로 들어갔다. 집 안의 벽에 있는 횃대에 비둘기 몇 마리가 앉아 있었다. 그리고 순록 한 마리가 구석에 조용히 서 있었다. 노파는 게르다의 슬픈 얼굴을 보았다.

"자, 불 옆에 앉아 네 이야기를 해 보렴."

게르다는 오래도록 카이를 찾아 다니고 있다는 이야기를 했다.

별안간, 비둘기들이 울어대었다.

"구구! 카이가 눈의 여왕과 함께 있는 것을 보았어요!"

"그들이 어디 있니?" 게르다가 물었다.

"북극으로 가고 있어요!" 비둘기들이 대답했다. "눈의 여왕이 거기 살아요!"

"너는 북극이 어디에 있는지 아니?"

"순록이 알아요!" 비둘기들은 대답했다.

"그래요! 난 거기서 태어났어요!" 순록이 대답했다.

`p.42~43` "카이가 눈의 여왕과 함께 있구나!" 노파가 말했다. "사악한 거울 조각이 눈과 심장에 들어간 탓에 그곳이 가장 좋은 곳이라고 생각하는 거야. 네가 그 조각들을 빼내 주어야만 해! 그렇지 않으면 카이는 눈의 여왕에게서 영영 벗어나지 못할 거야!"

"하지만 제가 어떻게 그럴 수 있겠어요?" 게르다는 서글피 물었다. "전 작은 여자아이일 뿐인걸요."

"걱정하지 마라, 넌 이미 큰 힘을 지니고 있단다!" 노파가 말했다. "네 마음 속에 담긴 사랑이 널 강하게 만들어 준단다! 순록아, 눈의 여왕이 있는 궁전으로 게르다를 어서 데려다 주거라!"

"고맙습니다!" 게르다는 기뻐하며 소리쳤다.

그녀는 재빨리 순록의 등에 올라탔다. 그러자 순록이 달려나가기 시작했다.

"조심하거라!" 노파가 말했다.

그들은 달리고 또 달려서 마침내 북극에 이르렀다. 그리고 얼음이 얼어 있는 위태로운 계단 밑에 멈췄다. 게르다는 순록의 등에서 뛰어 내려 계단을 올라가기 시작했다. 눈과 얼음에 발이 미끄러졌다.

p.44~45 갑자기, 커다란 눈송이들이 그녀의 주위에 흩날렸다! 그 눈송이들은 점점 더 커져갔다! 마침내, 그 눈송이들은 무서운 뱀과 곰, 호랑이의 형상이 되었다. 그러더니, 게르다를 쫓아오기 시작했다!

"세상에, 눈송이들이 살아있어!" 그녀는 소리쳤다.

그들은 눈의 여왕을 지키는 사악한 정령들이었다. 게르다는 심한 공포에 사로잡혔다.

"오, 하나님, 제발 도와주세요." 그녀는 달아나며 기도를 올렸다.

그러자 그녀의 하얀 입김이 점점 더 짙어져 갔다. 그리고 작은 천사로 변했다. 이내, 천사들의 군대가 그녀를 둘러쌌다! 그들은 무서운 눈송이들을 쫓아버렸다. 천사들의 보호로 게르다는 용기를 얻었다. 마침내, 게르다는 궁전에 도착했다.

p.46~47 게르다는 안으로 들어섰다. 궁전은 거대했다. 벽들은 눈과 얼음으로 이루어져 있었다. 찬란한 오로라가 고요한 실내를 밝히고 있었다.

'아, 이 궁전은 정말 아름답구나.' 그녀는 생각했다. '하지만 너무나 조용한걸!'

그녀는 카이를 찾아 방마다 돌아다녔다.

그 동안에, 카이는 눈의 여왕의 방에 있었다. 그는 추위로 인해 새파랗게 질려 있었

다. 그는 앉아서 알파벳으로 낱말을 만들려고 애쓰고
있었다. 글자들은 모두 얼음으로 만들어져 있었다.
하지만 카이가 도저히 맞출 수 없는 낱말 하나가
있었는데, 바로 '사랑' 이었다!

"난 지금 나간다." 눈의 여왕이 말했다. "내가 없
는 동안, '사랑' 이라는 낱말을 맞추어 보아라. 그러
면 집으로 돌려보내 주마!"

카이는 노력하고 또 노력했지만, 철자가 생각나지
않았다! 눈의 여왕은 날아가 버렸고 카이는 차디찬 고요 속에
혼자 남겨져 있었다.

p.48~49 그 순간, 게르다가 방에 들어서며 카이를 보았다. 그녀는 달려가 그를 꼭
끌어안았다.

"카이!" 게르다가 소리 질렀다. "마침내 널 찾았구나!"

하지만 카이는 그녀를 알아보지 못했다! 묵묵히 그냥 앉아있을 따름이었다. 게르다
는 가슴이 찢어지는 듯했다.

"오, 가엾은 카이!" 그녀는 부르짖었다. "왜 날 알아보지 못하니? 정말 슬퍼!"

게르다는 울음을 터뜨렸다. 그녀의 뜨거운 눈물이 카이의 가슴에 떨어졌다. 눈물은
카이의 얼어붙은 심장을 녹이고 그 안에 박혀있던 사악한 거울조각을 녹여버렸다.

갑자기, 그의 얼굴 위로 눈물이 흘러내렸다. 그 눈물로 눈에 들어있던 사악한 거울
조각이 씻겨 나왔다! 그러자 카이는 게르다를
알아보았다. 그녀의 사랑이 그를 구한 것이다!

"게르다, 나의 사랑스런 게르다!" 그는 소리
쳤다. "여기가 어디야? 여기는 너무 썰렁하고
추워!"

게르다는 너무 기뻐서 그의 언 뺨에
입을 맞췄다. 그러자 그의 뺨에 핏
기가 다시 돌아왔다. 별안간,
얼음 알파벳들이 기쁨의 춤을
췄다! 그리고 그들은 '사랑' 이라는
낱말을 맞추었다!

그들은 손을 마주 잡고 밖으로 달려나갔다. 순록이 그들을 기다리고 있었다. 순록은 두 사람을 고향 마을까지 데려다 주었다.

p.50~51　마침내, 그들은 집으로 돌아왔다! 모든 것이 그들이 떠날 때와 꼭 같았다.

그러나 그들은 자신들이 더 이상 어린 아이가 아닌 것을 깨달았다. 어른이 된 것이다!

그들은 뜰로 나가 장미꽃 사이에 함께 앉았다. 그들은 오래된 찬송가를 부르기 시작했다.

"장미꽃들은 골짜기에서 피어난다네,
언젠가는 아기 예수를 볼 수 있으리."

이제 그들은 그 뜻을 이해할 수 있었다. 몸은 어른이 되었지만, 마음 속은 여전히 동심 그대로였다. 그리고 때는 여름이었다 ― 따스하고 아름다운 여름.

우리 글로 다시 읽기
백조 왕자

1장 | 사악한 마법

p.60~61　옛날 옛적에, 머나먼 나라에 왕과 왕비가 살았다. 그들에게는 열한 명의 왕자와 엘리자라는 공주가 있었다. 아이들은 함께 즐겁게 놀았다. 하지만 어머니가 죽자, 아이들은 무척 슬펐다.

몇 해 후, 왕은 재혼을 했다. 그는 새 아내가 아이들을 잘 보살펴 주리라 생각했다. 하지만 잘못된 생각이었다! 새 왕비는 사실 사악한 마녀였다!

p.62~63　그녀는 어린 엘리자를 미워해서 시골 농갓집으로 보내 버렸다. 그리고 어린 왕자들에 대해 왕에게 거짓말을 꾸며댔다. 왕은 그녀의 말을 믿고서, 아들들과는 말도 하지 않으려 했다!

그리고는 왕비는 왕자들에게 마법을 걸었다.

"못생긴 새들처럼 날아가 버려!" 하고 그녀는 소리쳤다. "그리고 다시는 돌아오지 말아!"

하지만 왕비의 바람처럼 왕자들이 못생긴 새들로 변하지는 않았다. 그들은 아름다운 백조들이 되었다!

다음날 아침 일찍, 백조들은 엘리자가 잠들어 있는 시골 농갓집으로 날아갔다. 그들은 요란하게 날개를 퍼덕여 댔지만, 아무도 듣지 못했다. 그래서 그들은 넓은 세상으로 날아가 버렸다.

엘리자는 아름답게 성장했다. 열 다섯 살이 되자, 그녀는 왕궁으로 돌아왔다. 하지만 사악한 왕비는 그녀의 아름다움에 질투심을 느꼈다. 그녀는 엘리자를 쫓아내 버릴 계략을 꾸몄다.

왕비는 엘리자에게 왕을 다시 만나기 전에 목욕을 하라고 했다. 그런 다음 목욕물 안에 두꺼비 세 마리를 몰래 넣어두었다.

'두꺼비들이 그 애를 못나게 만들어 버렸으면 좋겠어!' 하고 새 왕비는 생각했다.

하지만 엘리자는 두꺼비들을 눈치채지 못했다. 그녀가 욕조에서 나왔을 때, 그 두꺼비들은 빨간 양귀비로 변해 있었다. 그녀는 너무나 착해서 마법도 그녀에게 아무런 힘을 미치지 못했던 것이다!

p.64~65 왕비는 무척 화가 났다. 그래서 그녀는 엘리자를 불러 말했다.

"이리 와라, 내가 네 치장을 마무리하게 해 주렴."

왕비는 호두즙을 엘리자의 얼굴에 문질러 발랐다. 그리고는 그녀의 아름다운 금발 위에도 기름을 잔뜩 부었다. 엘리자는 매우 더럽고 못생긴 모습이 되었다. 하지만 그녀는 그 사실을 몰랐다.

'이제 네 아버지가 널 알아보지 못할 거야!' 왕비는 생각했다.

왕은 엘리자를 보고 깜짝 놀랐다.

"넌 내 딸이 아니다!" 왕은 소리쳤다.

"당장 나의 궁을 나가거라!"

가엾은 소녀는 매우 슬퍼했다.

'오빠들을 찾아야 해!' 그녀는 생각했다.

‘오빠들이 날 도와줄 거야.’

그녀는 오빠들을 찾으러 궁전을 나섰다.

그 날 늦게, 그녀는 숲 속에서 작은 연못을 발견했다. 그녀는 맑은 물에 비친 자신의 더러운 얼굴을 보았다.

‘아, 아버지께서 날 못 알아보신 것도 당연하구나.’ 그녀는 생각했다.

그녀는 하얀 피부가 빛이 나고 금발이 반짝일 때까지 씻었다. 그러자 그녀는 다시 아름다운 모습이 되었다.

그녀는 숲 속 깊숙이까지 계속 들어가 헤매었다.

p.66~67 잠시 후, 그녀는 한 노파를 만나게 되었다.

“혹시 열한 명의 왕자들을 보지 못하셨나요?” 그녀가 물었다.

“못 봤어.” 노파가 대답했다. “하지만 어제 근처 강에서 백조 열 한 마리가 헤엄치는 걸 봤지. 금관들을 쓰고 있던 걸.”

노파는 엘리자를 강가에 데려다 준 다음, 가던 길을 가버렸다.

강은 고요하고 아름다웠다. 햇살이 그 위에서 찬란하게 빛나고 있었다.

‘아, 정말 평화롭구나.’ 엘리자는 생각했다. ‘오빠들이 이 근처에 있는 것 같아!’

그녀는 앉아서 휴식을 취했다.

해가 질 무렵, 엘리자는 열한 마리의 백조가 자기 쪽으로 날아오는 것을 보았다. 그녀는 겁이 나서 덤불 뒤에 몸을 숨겼다. 해가 완전히 저물자, 그 백조들은 열한 명의 늠름한 왕자들로 변했다!

엘리자는 오빠들을 보고 놀랐다.

“드디어 오빠들을 찾았어!” 그녀는 소리쳤다.

엘리자는 오빠들의 품에 안겼다. 그들도 여동생을 다시 만나 너무나 반가웠다.

p.68~69 “오빠들에게 무슨 일이 생긴 거예요?” 그녀는 물었다.

“새어머니가 우리에게 마법을 걸었어.” 큰 오빠가 대답했다. “낮에는 백조지만,

해가 지면 다시 사람으로 돌아오게 되지."

"오, 가엾은 오빠들." 그녀는 슬피 흐느꼈다.

"내일, 우리는 여기서 멀리 떨어진 곳으로 날아가야 해."라고 그는 말을 계속했다. "너도 우리와 함께 가야만 해! 그물을 만들어서 널 싣고 가마!"

"오, 그래 줘요." 그녀는 기뻐하며 말했다. "다시는 혼자 있고 싶지 않아요!"

왕자들은 강가에서 갈대들을 모았다. 그들은 밤을 새워 커다란 그물을 짰다. 동이 틀 무렵, 그물이 완성되었다. 엘리자는 그물 위에 누웠고 백조들은 부리로 그물을 물어 들어올렸다. 그들은 산과 계곡, 강과 호수들을 넘어 날아갔다. 엘리자는 마치 꿈을 꾸는 것 같았다!

`p.70~71` 마침내, 그들은 어떤 숲에 내려 앉았다. 근처에 조그만 동굴이 하나 있었다. 동굴 천정과 바닥은 옅은 녹색의 이끼들로 덮여 있었다. 그리고 동굴 벽에는 굵고 짙푸른 덩굴이 자라고 있었다.

"엘리자, 여기가 네가 살 새 집이야." 막내 오빠가 말했다.

그날 밤, 그녀는 오빠들을 위해 기도했다.

"어떻게 하면 오빠들을 사악한 마법에서 구해낼 수 있을까?"

그녀는 잠이 들었다. 꿈 속에서 아름다운 요정을 만났다.

"네가 오빠들을 구할 수 있단다." 요정이 말했다. "하지만 큰 고통을 겪게 될 거야."

"오빠들을 구할 수만 있다면 무슨 일이라도 하겠어요!" 엘리자는 외쳤다.

"쐐기풀들을 모으도록 해라." 요정이 말을 이었다. "쐐기풀로 열한 벌의 옷을 짜거라. 백조들에게 그 옷을 입히면 마법이 풀릴 거다. 하지만 잊지 마라! 옷이 완성될 때까지 말을 해선 안 된다! 만약 네가 말을 한다면, 오빠들이 죽고 말 거야!"

그리고 요정은 사라졌고, 엘리자는 잠에서 깨었다.

그날 아침, 그녀는 쐐기풀들을 모아 옷을 짜기 시작했다. 그녀의 손은 이내 커다랗고 쓰라린 물집투성이가 되었다.

해가 저물자 오빠들이 돌아왔다. 여동생이 말을 하지 않자 오빠들은 무척 놀랐다. 하지만 동생이 자신들을 구하기 위해 일하고 있음을 알게 되었다. 막내 오빠의 눈물이 엘리자의 손가락 위에 떨어졌다. 그러자 쓰라린 물집들이

사라져 버렸다.

그녀는 밤낮을 가리지 않고 옷을 짰다. 오빠들이 마법에서 풀려날 때까지 그녀는 쉴 수가 없었다.

2장 | 쐐기풀 옷

`p.74~75` 어느 날, 엘리자가 혼자 있을 때, 사냥꾼의 뿔피리 소리가 들려왔다. 그녀는 겁이 나서 동굴에 숨으려고 달려갔다. 하지만 사냥꾼들은 그녀를 발견했다.

"겁내지 마시오!" 잘생긴 한 청년이 말했다. "난 이 나라의 왕이요. 왜 이 동굴에 살고 있는 거요?"

하지만 엘리자는 아무 말도 하지 않았다. 그녀는 상처투성이 손을 주머니에 감추었다.

"여기에 있으면 안 되오." 그가 말했다. "나와 함께 갑시다."

청년이 엘리자를 자기 말에 태우자, 그녀는 울기 시작했다.

"난 당신이 안전하길 바랄 뿐이오." 젊은 왕은 다정하게 말했다.

마침내, 그들은 성에 도착했다. 엘리자에게는 그녀가 입을 아름다운 옷이 주어졌다. 손을 보호할 수 있는 부드러운 장갑도 주어졌다. 하지만 그녀는 여전히 매우 슬펐다.

`p.76~77` 왕은 그녀를 행복하게 해주고 싶었다. 그날 밤, 그는 엘리자를 그녀의 방으로 데리고 갔다. 방은 짙은 녹색 벽걸이 융단으로 장식되어 있었다. 그 방은 동굴과 흡사한 모습이었다! 그녀의 쐐기풀 꾸러미는 바닥에 놓여 있었다. 그리고 완성된 옷 하나는 벽에 걸려 있었다.

"당신은 여기서 행복할 거요." 왕이 말했다.

엘리자는 그에게 미소를 지었다. 그녀는 왕을 사랑했지만, 오빠들이 여전히 그리웠다!

왕은 엘리자와 결혼하고 싶었다. 하지만 사악한 대주교가 그들의 결혼을 막으려 했다.

"전하, 그녀는 마녀입니다." 대주교는 말했다. "그녀의 아름다움에 현혹되신 겁니다!"

하지만 왕은 마음을 바꾸려 하지 않았다.

밤마다, 엘리자는 자신의 녹색 방으로 살며시 들어갔다. 그녀는 재빨리 차례로 옷을 만들었다. 얼마 지나지 않아, 그녀는 옷들을 끝마치기 위해 쐐기풀이 더 필요하게 되었다.

'쐐기풀을 더 구해야만 해.' 그녀는 생각했다. '하지만 아무에게도 들키지 않았으면 좋겠는데!'

p.78~79 그날 밤, 그녀는 교회 묘지로 몰래 숨어 들어갔다. 마녀들 한 무리가 묘비에 앉아 있었다. 그녀는 겁에 질려 황급히 마녀들 곁을 지나쳤다. 그리고는 쐐기풀을 모아 성으로 뛰어 돌아왔다.

하지만, 그녀를 본 사람이 있었다! 다름 아닌 대주교였다!

'이제, 엘리자가 마녀라는 증거를 잡았군!' 그는 생각했다.

아침이 되자, 대주교는 왕에게 모든 사실을 고했다.

"믿지 못하겠소!" 왕이 소리쳤다.

"사실입니다, 전하." 대주교는 말했다. "엘리자가 교회 묘지로 갈 때 저와 함께 가시지요!"

며칠 후, 엘리자는 또다시 교회 묘지로 갔다. 이번에는 왕과 대주교가 그녀의 뒤를 밟았다. 그들은 엘리자가 마녀들 곁을 지나 쐐기풀을 모으는 동안 몰래 지켜보았다.

"오, 세상에!" 왕은 외쳤다. "그녀는 정말 마녀로구나!"

p.80~81 다음날, 엘리자는 감방에 갇혔다. 다행히도, 쐐기풀과 옷들을 가지고 갈 수 있었다. 그녀는 마지막 옷을 마무리하기 위해 서둘렀다. 왕이 엘리자를 찾아왔다.

"제발, 무슨 말이라도 좀 해보시오." 왕은 말했다. "모두들 내가 당신을 처벌하길 원하오!"

엘리자의 뺨 위로 눈물이 흘러 내렸다. 하지만 여전히 아무 말도 않고 계속 마지막 옷 한 벌을 짜나갔다.

그녀는 오직 오빠들을 구할 생각뿐이었다.

"이제는 당신을 구해줄 길이 없소!" 왕은 서글퍼 말하고 자리를 떴다.

잠시 후, 엘리자는 낡은 수레에 실려 마을 광장으로 끌려 갔다. 그녀의 얼굴은 창백했고 조용히 기도를 올렸다. 발치에는 열 벌의 옷이 놓여 있었다. 그녀는 마지막 한 벌을 계속 짰다.

"마녀를 보라!" 군중들이 고함쳤다.

"그녀를 처형하라!" 사람들은 소리쳤다.

그 순간, 열 한 마리의 백조들이 수레 위에 내려 앉았다. 백조들은 커다란 날개를 요란스럽게 퍼덕였다. 군중들은 겁에 질렸다.

"하늘의 계시야." 누군가가 속삭였다.

"그녀는 결백한 게 분명해!"

p.82~83 엘리자는 백조들에게 옷을 던졌다. 그러자 그 즉시 열한 명의 잘생긴 왕자들로 변했다! 모든 사람들이 깜짝 놀랐다!

"이제는 말을 할 수 있어요." 엘리자가 소리쳤다. "전 잘못이 없어요!"

"그 말이 맞소!" 큰 오빠가 소리쳤다. 그리고 나서 그는 그들에게 모든 사연을 말했다.

갑자기, 아름다운 장미꽃이 근처에서 피어났다. 싱그러운 향기가 주변을 가득 채웠다.

왕은 꽃을 꺾어 엘리자에게 건넸다.

"엘리자, 당신은 정말 다정하고 용기 있소." 왕은 말했다. "날 용서해 주겠소?"

"물론입니다, 전하." 그녀가 말했다.

그러자 교회의 종들이 모두 기쁘게 울려 퍼졌다.

화려한 결혼 축하연은 오래도록 계속되었다.
마침내, 왕국의 모든 이들이 행복하고 평화로웠다!

우리 글로 다시 읽기
성냥팔이 소녀

p.90~91 어느 새해 전날 밤, 불쌍한 소녀가 거리를 헤매고 있었다. 옷은 더러웠고 발은 맨발이었다. 눈이 세차게 내리고 있었지만, 소녀는 성냥을 팔기 위해 애쓰고 있었다.

돈이 없이 집에 돌아가면, 아버지는 그녀를 때릴 것이다!

어린 성냥팔이 소녀는 몹시 추웠고 배도 고팠다. 그녀는 맛있는 거위 구이 냄새를 맡을 수 있었다. 집집마다 창문으로 촛불이 빛나는 것도 볼 수 있었다. 사람들은 행복해 보였다. 하지만 성냥팔이 소녀는 가엾은 처지였다.

p.92~93 소녀는 차디찬 눈발을 피해 몸을 숨기려고 애썼다. 하지만 추위는 점점 더 심해져 갔다.

'성냥불이 내 손가락을 녹일 수 있을 거야.' 그녀는 생각
했다.

소녀는 성냥 하나를 꺼내 벽에 대고 그었다.

"치익!"

성냥불이 환하게 타올랐다! 작은 성냥불은 마치
촛불처럼 빛났다!

작은 소녀는 자신의 손을 따뜻한 불꽃 위에 가
져다 대었다. 그러자 자신이 커다란 난로 옆에 앉
아 있다고 상상하게 되었다.

하지만 발을 녹이려고 했을 때, 조그만 불꽃은 꺼져
버리고 말았다.

우리 글로 다시 읽기 • 125

소녀는 또 하나의 성냥을 켰다. 성냥불이 붙자, 소녀는 커다란 테이블을 보았다. 그것은 맛있는 음식을 담은 접시들로 덮여 있었다! 소녀는 음식에 손을 뻗었지만, 성냥불이 꺼져 버리고 말았다!

소녀는 또다시 성냥을 켰다. 이번에는 멋진 크리스마스 트리 아래에 앉아 있었다. 크리스마스 트리 가지들 위에는 수백 개의 촛불들이 타오르고 있었다. 그리고 그 불빛에 영롱한 장식들이 무수히 반짝이고 있었다.

"너무 예뻐." 소녀는 탄성을 질렀다.

p.94~95   소녀는 트리를 만져보려고 했지만, 촛불들은 모두 밤하늘 속으로 날아가 버렸다. 그리고 작은 별들이 되었다.

갑자기, 소녀는 별들 중 하나가 하늘에서 떨어지고 있는 것을 보았다.

"저런, 누군가 죽어가고 있는가봐." 소녀는 속삭였다. "별이 떨어지면 누군가가 세상을 떠나는 거라고 할머니께서 말씀하셨어. 그리고 그 영혼이 하늘로 올라간다고 하셨지."

소녀는 성냥을 또 하나 켰다. 그 불빛 속에서, 소녀는 할머니를 보았다. 할머니는 이미 몇 해 전에 돌아가셨지만, 여전히 환한 얼굴을 하고 계셨다. 할머니는 소녀를 다정하게 바라보았다.

"할머니!" 소녀는 흐느꼈다. "저와 있어 주세요! 성냥불이 꺼지면 할머니도 사라져 버리겠죠. 난로, 음식들, 그리고 크리스마스 트리와 똑같이!"

p.96~97   소녀는 서둘러 모든 성냥들을 벽에다 한꺼번에 그었다. 마치 여름날처럼 환하게 빛이 났다!

"할머니, 절 데려가 주세요!" 소녀는 소리쳤다.

할머니는 소녀를 팔에 안았다. 그들은 함께 하늘 위로 높이높이 날아 올라갔다.

아침이 되자, 성냥팔이 소녀의 얼어붙은 시신이 발견되었다. 소녀는 여전히 벽에 기대 앉아 있었다. 그리고 타버린 성냥개비들을 그대로 손에 쥐고 있었다. 하지만 소녀의 뺨은 장밋빛이었고, 미소를 띠고 있었다!

가엾은 성냥팔이 소녀!
아무도 전날 밤 소녀의 외로움과 추위를 알지 못했다.
그리고 아무도 소녀가 보았던 아름다운 장면들을 알지 못했다.
새해 첫날, 소녀는 마침내 행복과 평온을 얻었다.